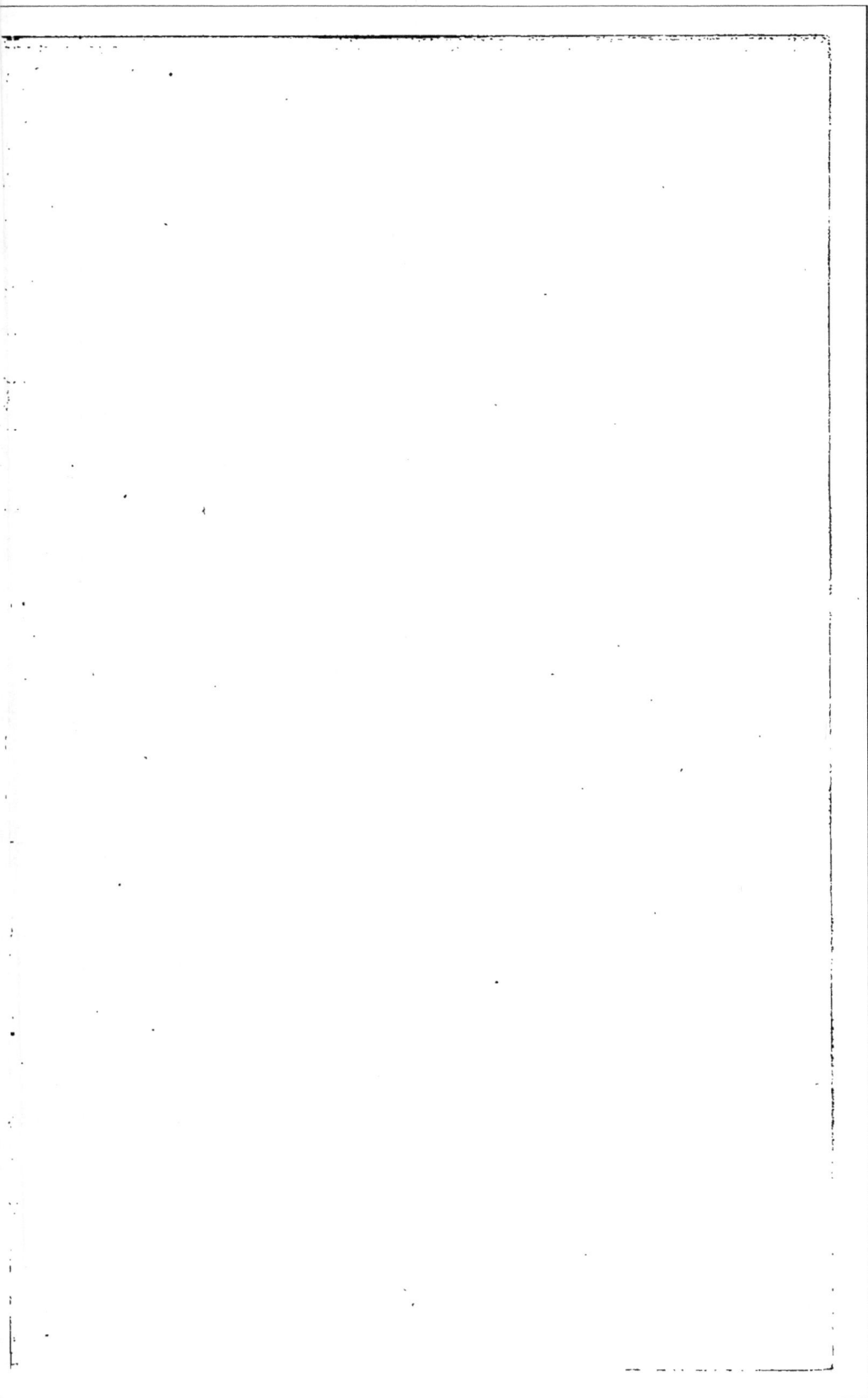

X

IMPRESSIONS ET SOUVENIRS

DU

SIÉGE DE BELFORT

IMPRIMERIE J. CLAYE
RUE SAINT BENOIT 7

LABOR

PARIS

GUERRE DE 1870-71

IMPRESSIONS ET SOUVENIRS

DU

SIÈGE DE BELFORT

PAR UN VOLONTAIRE

DE L'ARMÉE DE BELFORT

AVEC UNE CARTE, DES NOTES ET DES PIÈCES JUSTIFICATIVES

Potius mori quam fœdari!

—

Plutôt la mort qu'une souillure!

—

PARIS | STRASBOURG

JOËL CHERBULIEZ | TREUTTEL et WURTZ

LIBRAIRE | LIBRAIRES

Rue de Seine, 33 | Grande-Rue

1871

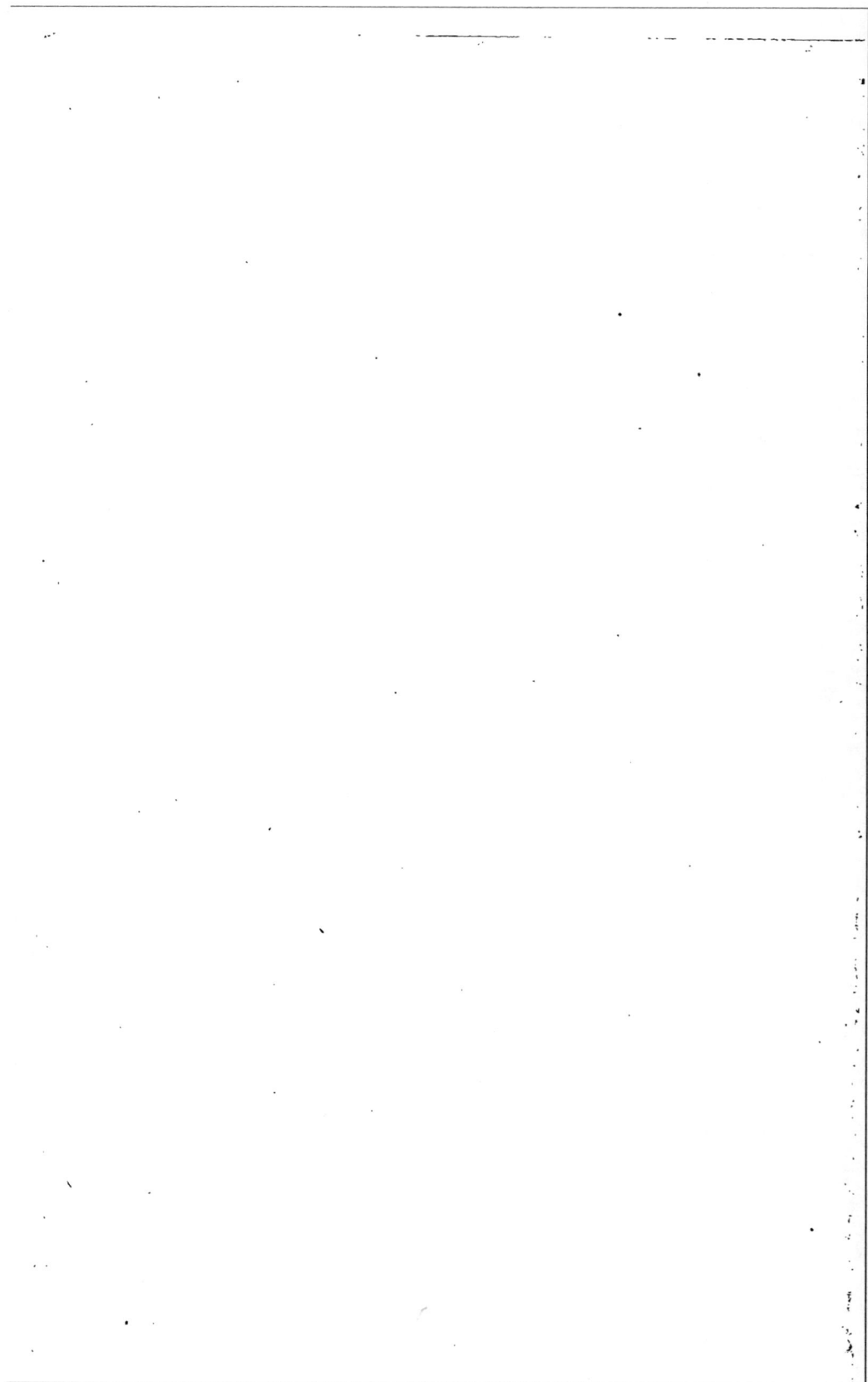

AVANT-PROPOS.

Ce qu'on va lire n'est ni une histoire ni un roman. C'est un recueil de souvenirs et de notes; c'est aussi un drame.

L'auteur ne prétend pas avoir compilé tous les documents qui ont trait au siége de Belfort, pour en extraire un précis historique à la fois rigoureusement complet et exact; mais il tient à honneur d'avoir écarté avec soin tout ce qui aurait pu rappeler les fantaisies du romancier. L'homme de guerre qui voudra trouver dans cet ouvrage des indications et des inductions satisfaisant les exigences de la science militaire sera trompé; ce n'est pas au point de vue de la stratégie qu'il est écrit. Les connaissances théoriques et les renseignements spéciaux nous

faisaient également défaut. Par contre, ceux qui
cherchent, dans tous les écrits relatifs à la malheureuse guerre de 1870-71, des pièces justificatives pour leurs panégyriques ou leurs réquisi-
toires seront déçus dans leur attente. On n'y
trouvera pas ces personnalités qui passionnent
en divers sens, mais toujours très-vivement, des
esprits qui, plus tard, consacrent sans scrupule
des jugements portés dans l'intensité d'une première impression, ou les rejettent radicalement
par un revirement aussi irréfléchi que le sentiment primitif. L'histoire des hommes ne s'écrit
qu'après que le temps a imposé silence aux passions.

Composé, dans des méditations rétrospectives,
par un soldat improvisé, qui a pris sa petite part
aux grandes choses qui se sont passées à Belfort,
ce récit est tout simplement une relation fidèle
des événements qui se sont passés au vu et au su
de tous ceux qui y ont joué un rôle ; événements
qui ont agi sur la masse de la population et de
la garnison pour faire de la défense de Belfort
un des plus émouvants et des plus glorieux
épisodes de la grande épopée de la défense
nationale.

A ce titre, ce récit n'est pas un simple recueil ;

un puissant intérêt dramatique s'attache à ces faits grandioses en leur naturel, à ces souffrances admirables de patience et de résolution, à ces dévouements puisés dans le plus pur patriotisme, à tous ces faits qui font du siége de Belfort une phase du duel entre l'autocratisme qui présente la pointe de son épée à ceux qui ne veulent pas courber la tête devant son arbitraire, et le républicanisme qui défend, avec une ardeur égale à celle de son amour pour la paix, le sol sacré de la patrie envahie.

A ce titre, le siége de Belfort méritait d'être mieux connu; les faits qui l'ont signalé, les péripéties qui s'y sont succédé, ses poignantes incertitudes et ses lamentables réalités, ne peuvent exciter dans les cœurs que des émotions nobles et profondes, le sentiment de l'honneur et du devoir, un enthousiasme généreux et viril; et les souvenirs, les espérances et les enseignements que renferme la lutte suprême de l'Alsace, personnifiée dans la défense de ce dernier boulevard de ses droits méconnus, rappelleront à la mère patrie qu'il y a du sang qui crie vengeance et contribueront à réveiller, dans une seconde secousse, toutes les ardeurs du patriotisme dans tout le peuple français.

Aussi est-ce sous le couvert de l'adage :
Potius mori quam fœdari, — plutôt la mort qu'une
souillure, plutôt la mort que la honte d'une
résistance molle ou incomplète à la domination
étrangère, — que j'offre ce livre au public, et
particulièrement à mes frères d'armes.

UN VOLONTAIRE

De l'artillerie du Haut-Rhin.

IMPRESSIONS ET SOUVENIRS

DU

SIÉGE DE BELFORT

CHAPITRE PREMIER.

LES SYMPTOMES.

Signes avant-coureurs : La marée montante, les capitulations, la canonnade du 1er novembre, les engagements du 2 et du 3. — Les annonces
officielles. — Physionomie générale de la population civile et de la population militaire.

SIGNES AVANT-COUREURS.

Le 1er novembre les sentinelles et les ouvriers qui
se trouvaient sur les remparts entendirent, au coup
de neuf heures du matin, plusieurs détonations loin-
taines répétées par les montagnes. La nouvelle fit
bientôt le tour de la ville et des forts, et chacun,
comme d'habitude, de faire ses commentaires. Les
uns affirmaient que les coups de canon ne pouvaient
venir que du ballon de Giromagny, les autres plaçaient les pièces aux environs de Thann. On apprit
bientôt que c'était effectivement à l'entrée de la
vallée de Wesserling qu'avait eu lieu un combat entre

1

les francs-tireurs de M. Keller et une colonne prussienne.

Mais, quelles que fussent les opinions sur la provenance des sons entendus, un vague pressentiment inspirait à chacun de graves pensées. Depuis le 27 septembre, jour de la capitulation de Strasbourg, les événements s'étaient précipités comme autant d'avalanches terribles. Schlestadt, sans avoir essayé d'une résistance quelconque, s'était donné. Le passage des Vosges avait été forcé malgré la confiance mise dans le général Cambriels ; nous avions vu arriver à la gare des fuyards de cette armée, et le général Crouzat, — alors colonel commandant la place de Belfort, — avait lancé contre eux une de ses plus terribles proclamations ; la fameuse trouée, rendue classique par les exploits de Turenne, passait à l'état d'anachronisme. D'autre part, les Allemands, depuis qu'ils avaient pénétré dans Colmar (15 septembre), avaient fait plusieurs incursions jusqu'à Mulhouse, et venaient d'y planter définitivement un nouveau jalon. Bref, Belfort, assis sur son roc et ses mamelons, ressemblait à ces falaises qui, assaillies par la marée montante, ne laissent atteindre leur cime aiguë que par l'écume des eaux qui les serrent dans leur glaciale étreinte.

Cependant le bouillonnement des vagues envahissantes se faisait entendre de plus en plus près et avec une intensité chaque jour plus forte. Le ciel politique même paraissait s'assombrir et l'horizon radieux, que formait le cadre d'apparition de la république du 4 septembre, se teintait en noir : l'empire survivait dans quelques-uns de ses actes et de ses hommes : Metz, naguère encore l'un des espoirs de la France, précipitait sa ruine. Déjà vers la fin d'octobre le bruit de cette capitulation s'était répandu et n'excitait partout que l'incrédulité. Le 31 octobre encore, on annonçait un démenti formel sous presse; mais l'après-midi on vit affichée la proclamation de Gambetta.

Inutile de peindre les sentiments que fit naître la nouvelle et l'annonce de la nouvelle. Tout honnête Français les a ressentis; à la consternation succéda la colère, et avec la colère le désir impétueux de venger l'honneur national, enflammé par le patriotique langage de l'illustre dictateur et soutenu par l'espoir d'une intervention qu'il laissait entrevoir.

A l'annonce de l'arrivée de colonnes ennemies, qui, après la capitulation de Metz, ne pouvaient avoir d'autre dessein que l'investissement de Belfort, l'autorité militaire prit les mesures ordinaires en pareil cas. Ordre fut donné de couper certaines routes et de faire sauter le viaduc de Dannemarie; de plus, des troupes furent envoyées dans plusieurs directions. A la rapidité de la marche de l'ennemi on répondait en multipliant les obstacles à des distances importantes de la forteresse même. Malheureusement les troupes françaises marchaient sans artillerie et elles se composaient uniquement de mobiles qui n'avaient pas vu le feu. Des engagements eurent lieu. Nos soldats montrèrent de l'énergie, mais sans pouvoir se maintenir dans les positions qu'ils défendaient.

On est tenté de croire que le commandant supérieur ne comptait pas repousser les envahisseurs au loin par nos armes, mais se proposait d'aguerrir nos

mobiles et de frapper le moral de l'ennemi, en
ne craignant d'employer des troupes pour entraver
sa marche.

Le 2 et le 3, on se battait à Roppe et à Eloie. A
Roppe, un bataillon de mobiles du Rhône força
l'ennemi de reculer, lui fit essuyer des pertes considérables, mais dut se replier vers la ville. Les secours nécessaires n'arrivaient pas[1].

La journée du 2 novembre fut signalée par un
autre engagement moins heureux : celui d'un
bataillon de la Haute-Saône, aux environs de Sermamagny, Giromagny, Grosmagny, la Chapelle-sous-
Chaux. Ne pouvant pas répondre à l'artillerie dont les
Prussiens étaient pourvus, menacés d'être enveloppés, ils battirent en retraite. Notons que les gardes
nationaux de Chaux donnèrent en cette circonstance l'exemple trop rarement suivi ; car la résistance locale aurait pu sauver la France. Ils se joi-
gnirent aux mobiles, combattirent dans leurs rangs.
Cinq d'entre eux tombèrent sur le champ d'honneur.

En ce qui concernait particulièrement Belfort, il
n'y avait plus à douter de la signification de tous
ces symptômes : de la capitulation de Metz et des
récents et locaux agissements des Prussiens. On se
répétait que Belfort allait être investi.

LES ANNONCES OFFICIELLES.

Le 4 novembre on vit sans étonnement que les
prévisions se réalisaient.

---

1. Voir aux *Documents officiels*.

On lut et commenta les deux missives échangées entre M. de Tresckow et M. Denfert.

Devant Belfort, le 4 novembre 1870.

Très-honoré et honorable commandant,

Je me fais un honneur de porter très-respectueusement à votre connaissance la déclaration suivante :

Je n'ai pas l'intention de vous prier de me rendre la place de Belfort, mais je vous laisse le soin de juger s'il ne conviendrait pas d'éviter à la ville toutes les horreurs du siége, et si votre conscience, votre devoir ne vous permettraient pas de me livrer la forteresse dont vous avez le commandement.

Je n'ai d'autre intention, en vous envoyant cet écrit très-respectueux, que de préserver, autant que possible, la population du pays des horreurs de la guerre.

C'est pourquoi je me permets de vous prier de vouloir bien, dans la limite de vos pouvoirs, faire connaître aux habitants que celui qui s'approchera de la ligne d'investissement à portée de nos canons mettra sa vie en danger.

Les propriétaires de maisons situées entre la place et notre ligne d'investissement doivent se hâter de mettre tout leur mobilier en lieu sûr, car, d'un instant à l'autre, je puis être obligé de réduire les maisons en cendres.

Je saisis cette occasion pour vous assurer de mon estime toute particulière.

J'ai l'honneur d'être, etc.

Signé : DE TRESCKOW I,

Général commandant royal prussien des troupes concentrées devant Belfort.

Le général allemand donnait ainsi la juste mesure de la cauteleuse mansuétude avec laquelle ses seigneurs et maîtres traitaient les négociations. Son

style était à la hauteur du leur et ses idées étaient
taillées sur le même patron.

On ne pouvait être plus philanthrope.

Le gouverneur répondit ce qui était sur les lèvres
de tous :

*Le colonel commandant supérieur au général Tresckow,
commandant les troupes allemandes devant Belfort.*

Général,

J'ai lu avec toute l'attention qu'elle mérite la lettre que
vous m'avez fait l'honneur de m'écrire avant de commencer
les hostilités. En pesant dans ma conscience les raisons que
vous me développez, je ne puis m'empêcher de trouver que
la retraite de l'armée prussienne est le seul moyen que con-
seillent à la fois l'honneur et l'humanité pour éviter à la
population de Belfort les horreurs d'un siége.

Nous savons tous quelle sanction vous donnerez à vos
menaces et nous nous attendons, général, à toutes les vio-
lences que vous jugerez nécessaires pour arriver à votre
but; mais nous connaissons aussi l'étendue de nos devoirs
envers la France et envers la république, et nous sommes
décidés à les remplir.

Veuillez agréer, général, l'assurance de ma considération
très-distinguée,

Le colonel commandant supérieur,

DENFERT.

Quelques heures après fut affichée la proclamation
suivante :

*Proclamation à la population et à la garnison
de Belfort.*

L'ennemi a terminé hier l'investissement de la place de
Belfort. Nous avons essayé de retarder cette opération autant

que le permettaient les ressources dont nous disposions. Les combats qui se sont livrés ont démontré aux Prussiens que nous étions préparés à une vigoureuse résistance.

Nous ferons tous nos efforts pour tenir l'ennemi le plus éloigné possible de la place, et nous comptons, à cet effet, sur le patriotisme et le concours de la population. Mais quelque succès que nous puissions obtenir dans cette voie, nous ne devons pas nous dissimuler que la période que nous allons traverser exige de tout le monde l'abnégation et l'esprit de sacrifice.

Dans l'accomplissement de ce devoir qu'impose à tous plus que jamais la situation malheureuse de la France, nous serons soutenus par la pensée qu'en faisant le siége de Belfort, l'ennemi entreprend une opération plutôt politique que militaire, et que la faute qu'il commet par cette diversion doit profiter à la délivrance de notre patrie et au salut de la république.

Belfort, le 4 novembre 1870.

Le colonel commandant supérieur,

DENFERT.

PHYSIONOMIE GÉNÉRALE DE BELFORT.

On était donc investi !...

Quelque incertain que soit l'avenir que présage un événement extraordinaire; quelque terrible perspective qu'il puisse ouvrir, si l'incertitude ne porte que sur un question de délais plus ou moins longs, l'imprévu, le nouveau, l'insolite ont un charme singulier mais réel, même au regard de dangers et de malheurs plus que probables. D'ailleurs, les préoccupations matérielles, elles-mêmes, sont là pour surexciter les esprits; et une activité même fébrile a ses attraits. Les premiers temps de l'investissement

d'une ville en offrent un exemple et Belfort n'é-
chappait pas à la loi commune.

Ceux qui ont assisté à un blocus peuvent seuls se
faire une idée exacte de l'animation qui règne au
commencement dans la ville investie. Se promener
dans une rue, dans un faubourg en sachant qu'il est
impossible d'aller au delà de telle et telle limite ; se
rencontrer et se dire ce que tout le monde sait, que
la ville est cernée ; se sentir, pour calquer l'expression des marins, entre ciel et terre, privé que l'on
est de communications régulières avec le reste du
monde ; avoir à faire des provisions comme pour un
long voyage, et avoir pourtant sa sphère d'action plus
limitée que jamais ; s'occuper du déménagement...
dans les caves ; se dire surtout que l'on va goûter
de cette vie où d'autres ont su montrer leur courage et leur patriotisme, et songer enfin à tous les
sacrifices que l'on peut avoir à faire, à tous les dangers dont on sera menacé, voilà ce qui pour la population est la préoccupation complexe, absorbante,
qui lui imprime des allures nouvelles et la prépare à tout événement.

Quant aux soldats, quoi qu'en puissent dire les
gens d'imagination, ils ne ressentent que peu d'impression d'un événement qui les laisse, comme
devant, à leur caserne ou à leur casemate, et n'en-
lève à leur existence ni les corvées ni les gardes.

Il en est même qui sont complétement insou-
ciants, prêts à tout, incrédules jusqu'à ne croire à
un blocus qu'à la vue des troupes ennemies ou à
l'irruption d'un obus dans la ville. Tels étaient, en
grande masse, les soldats de la garnison de Belfort,
y compris « les petits mobiles », comme les appe-

lait avec une complaisance paternelle le général Crouzat, qui les y avait organisés et stylés[1].

En somme, l'état des esprits était excellent. On peut dire que la certitude morale imposée par la force des circonstances est un puissant ressort d'énergie et de détermination. Jusqu'à ce moment-là, tous les siéges avaient amené la reddition des places, et les capitulations avaient toujours péniblement affecté les esprits. Dans les conversations tous s'exprimaient librement à ce sujet. Au lendemain d'une catastrophe qui avait soulevé une si violente indignation, mis en demeure de ne pas donner de prise à des blâmes analogues à ceux formulés par eux-mêmes; — je dis plus, jaloux de reconquérir une gloire que deux mois auparavant les Français s'imaginaient n'avoir qu'à maintenir, — ils se promirent fermement, les uns avec éclat, les autres de leur for intérieur, de ne pas démériter à leurs propres yeux.

Un fait singulier ne tarda pas à montrer la véhémence de ce sentiment. Quelques jours après l'investissement, l'affiche suivante, manuscrite et sans signature, fut placardée aux quatre coins de la ville. La voici :

Appel aux volontaires.

Tous les jours nous voyons des exemples inouïs. Nous voyons dans Belfort ce que nous avons appris de Strasbourg,

1. Il y en avait 13,000 appartenant à la Haute-Garonne, au Haut-Rhin, au Rhône, à Saône-et-Loire, à la Haute-Saône et aux Vosges. Il n'y avait que 3,000 soldats de ligne, plus 250 douaniers et gendarmes et deux compagnies de francs-tireurs.

Schlestadt et Metz. Les commandants supérieurs mettent des
entraves à l'élan, à l'impulsion, à la *furia francese*. Car il
y a longtemps que, d'un signe, on aurait pu expulser tous ces
pillards qui volent nos villages. Sont-ce des soldats? non.
Ce sont des brigands qui viennent lever des contributions
de vivres et d'argent, rançonnant nos paysans.

Levons-nous donc tous, levons-nous, et en avant! Faisons
entendre ce cri : Aux armes! Que les timides se tiennent à
l'écart; que les forts se réunissent! Aux armes! Et demain
pas un seul Prussien ne souillera plus notre sol, car, la
baïonnette en avant, nous crierons : Vive la France!

Les événements montrèrent que s'il y avait des
pillards autour de Belfort, ils étaient une armée et
non une bande. Ce violent appel ne trouva d'ailleurs pas grand écho. Sous prétexte de briser des
entraves, on n'entrava pas l'action des autorités
militaires; mais l'élan ne cessa de venir d'en bas.

CHAPITRE II.

LA PÉRIODE D'INVESTISSEMENT [1].

On se prépare. — Agissements de l'ennemi. — Ce n'est plus la vie de garnison. — Les premiers coups de canon. — Les sorties et les reconnaissances. — Complications. — Les on-dit. — Une manifestation de l'opinion publique.

ON SE PRÉPARE.

L'armée assiégeante avait, dès les premiers jours de novembre, signalé sa marche sur Belfort. Nous avions entendu le 1er novembre le canon de Thann, et nous avions vu, deux jours plus tard, nos mobiles revenir de Roppe et de Sermamagny. Les concentrations de troupes se continuaient sans cesse. Elles se faisaient par des mouvements naturellement très-étendus, d'autant plus étendus que les obstacles menaçaient de les arrêter à quelque distance de Belfort même. Car la défensive était très-développée. Elle ne se composait pas seulement des différents fortins, mais aussi des villages avoisinants. Le Grand-

1. A Belfort on entend par l'*investissement* l'espace de temps (compris entre le 2 novembre et le 3 décembre 1870) pendant lequel l'ennemi bloqua purement et simplement la ville sans tirer sur elle.

Salbert, qui domine tout Belfort, et le Mont, qui est
également une position importante, n'étaient malheureusement pas couronnés d'un camp retranché.
Néanmoins ils furent occupés par de l'infanterie.

Par surcroît de précaution, le 6 novembre, il est
ordonné que, à partir de trois heures du soir, toutes
communications seront rigoureusement interceptées
entre les diverses parties des faubourgs, les ponts
placés sur les coupures des routes devant continuer
à être levés à cinq heures jusqu'à sept heures du
matin.

Ce n'était pas tout de reléguer l'ennemi au loin.
Il fallait se préparer à toutes les éventualités de la
situation, et pour cela mettre tous les forts en état
de résister le plus longtemps possible et avec le plus
d'avantages possibles.

Pendant la première semaine du blocus, une activité singulière régna dans tous les corps de la garnison. On était absorbé d'une part par les préparatifs
nécessaires pour parfaire la défensive, d'autre part
par la préoccupation de gêner les travaux des Prussiens.

On voyait fréquemment sortir des artilleurs qui
cherchaient des fascinages dans les bois des Perches
et de Pérouse, ou des rails sur la voie du chemin
de fer. Ces expéditions se faisaient le fusil sur
l'épaule; à proximité des lignes ennemies un certain
nombre d'hommes étaient mis en observation, tandis
que les autres vaquaient à leur travail. Chacun était
fier de cet appareil guerrier, et bien souvent on se
donna le plaisir d'aller enlever les légumes abandonnés dans les champs, quelquefois même on
envoyait des balles aux Prussiens qu'on aperce-

vait au loin et qui ripostaient la plupart du temps.

Dans l'intérieur de la forteresse, on transportait des munitions de l'arsenal dans les différents forts; on construisait des blindages avec les rails; on faisait des provisions de gabions; on continuait à modifier les embrasures en restreignant l'ouverture autant que possible et en établissant le fond en contre-pente. De cette façon, la pièce offrait moins de prise au tir de l'ennemi, dont on disait des merveilles après Strasbourg. La dernière modification forçait à n'employer que le tir plongeant, qui présentait l'avantage d'une portée augmentée, mais aussi l'inconvénient d'un pointage rendu très-délicat.

Il y eut des officiers d'infanterie qui eurent le bon esprit de faire des retranchements près des villages qu'ils occupaient; c'est ce qu'on fit près de Pérouse et aux Forges.

Pendant que l'autorité militaire fortifiait les moyens de résistance pour le cas d'un siége, l'autorité civile prenait des mesures de précaution en vue d'un bombardement. De concert elles appelaient à l'activité les mobilisés (7 novembre), tout en organisant la garde sédentaire et en y créant une batterie d'artillerie[1].

Le 4 novembre l'avis suivant fut publié :

Le maire de Belfort croit devoir prévenir les habitants que le moment est venu pour chacun de faire des provisions

---

1. Ordre du 9 novembre de M. Pigalle, commandant de la sédentaire. Par un ordre du 12, les sédentaires furent soumis pendant leur service à la discipline et aux lois militaires. Ils étaient au nombre de 800.

d'eau dans les maisons, pour combattre les incendies en cas
de siége.

Il invite également toutes les personnes qui voudraient
faire le service des surveillants, pour prévenir les incendies,
à se faire inscrire aux bureaux de la mairie.

Le maire,

MÉNY.

Quelques jours après, le maire faisait savoir qu'il
n'y avait pas lieu de s'occuper d'un départ de
bouches inutiles. La municipalité avait fait et ne
cessait de faire des approvisionnements considérables. Il n'y avait donc pas à redouter de famine,
et l'humanité conseillait de ne pas recourir à cette
mesure extrême. En conséquence elle prenait l'engagement de venir au secours des indigents en cas
de besoin.

C'était faire honneur à la population belfortaine
que de n'envisager dans cette question que la question des vivres, et de se fier à elle pour la liberté
des opérations militaires.

Les habitants, au demeurant, s'apprêtaient à leur
pénible rôle de résistance passive. Ils s'apprêtaient
à laisser la lice libre pour les combattants et à faire
oublier leur présence dans l'intérêt de la défense.
Elle devait un jour être mise en vue par sa patriotique résignation. On commença à mettre à l'abri
ce que l'on avait de précieux.

Et pourtant, à cette époque-là, on avait de la peine
à se faire à l'idée de la possibilité d'un siége ; on
s'attendait généralement à un simple blocus qui
immobilisât la petite armée de Belfort. Certaines
phrases de journaux venaient à l'appui de cette opi-

nion, et, malgré la présence des troupes ennemies, elles portaient plutôt à croire à un siége de Lyon qu'à un siége de Belfort. On se disait bien que tant que les Prussiens n'auraient pas Belfort ils n'auraient pas l'Alsace entière, mais on estimait volontiers que, pour un but essentiellement politique, ils se fieraient aux négociations de la diplomatie et que, militairement parlant, ils se contenteraient d'annihiler, ou plutôt de restreindre son action.

Cette incrédulité est peut-être cause que les enrôlements des guetteurs d'incendies ne se firent pas assez rapidement au gré de l'active prévoyance de la municipalité, qui ne cessait de se préparer à toutes les éventualités.

Le 10 novembre on lut l'avis suivant :

Le maire de Belfort engage de nouveau les citoyens qui voudront bien se dévouer au service des guetteurs en cas d'incendie, à se faire inscrire dans les bureaux de la mairie.

Il a l'honneur de porter à la connaissance de ses administrés que la municipalité va faire établir, dans les différents quartiers de la ville, des abris blindés qui serviront aux guetteurs et en même temps de refuge aux habitants qui pourront être surpris dans les rues pendant le bombardement. Dans la même pensée, le maire croit devoir prévenir tous les propriétaires qu'ils devront laisser les portes de leurs maisons ouvertes pendant le bombardement, afin que chacun puisse s'y réfugier au besoin et porter secours en cas de danger.

Enfin le maire fait connaître que les caves de l'hôtel de ville, entièrement voûtées, viennent d'être disposées pour recevoir le plus grand nombre de personnes qui n'auraient pas d'abri sûr dans leurs maisons. Il fera connaître ultérieurement les autres caves de la ville qui pourront avoir la même destination.

Le Maire,

MÉNY.

Les surveillants d'incendies ne tardèrent pas à s'organiser. Nous verrons quels grands services ils ont rendus.

Vers la même époque, le maire consulta le gouverneur sur un projet de dépavage des rues : le choc des projectiles aurait été amorti. Il lui fut répondu qu'il convenait de les laisser pavées pour la facilité des communications.

Les autorités civiles ne se contentèrent pas de renforcer la garnison et de prévenir les effets d'un bombardement imminent. Pendant que Gambetta, dont les journaux nous apportaient quelques nouvelles, organisait vigoureusement la défense dans la province, elles prenaient d'énergiques mesures contre un médecin cantonal et un conservateur des hypothèques, qui étaient partis « sans autorisation, sans prévenir l'autorité et sans prendre aucune disposition pour assurer leurs services pendant leur absence. » Ces actes présentèrent à la fois l'avantage de pourvoir à la régularité de ces services, et de produire sur tous le salutaire effet des actes de justice.

AGISSEMENTS DE L'ENNEMI.

Les Prussiens, eux aussi, se préparaient. De nouvelles colonnes continuaient à arriver, et tous les jours l'artillerie de la place tirait sur les ouvrages défensifs auxquels ils travaillaient.

Dans les premiers temps, ils n'avaient que de l'artillerie de campagne dont la portée ne permettait pas de répondre à notre feu, mais qui leur servait à repousser les agressions de la garnison.

La première phase d'un blocus est toujours con-
sacrée par l'assaillant à fortifier la défensive et à se
mettre en état de prendre l'offensive. Mais à ce
caractère commun à tous les siéges, les Prussiens,
autour de Belfort, en ajoutèrent d'autres qui mettent
en lumière leur esprit inventif.

Pour faire croire à l'arrivée continuelle de
troupes de renfort en quantité exagérée, ils faisaient
exécuter, par certains détachements, des promenades fréquentes et même des tours entiers. Leur
ruse ne tarda pas à être découverte. Des villages voisins, on apprenait que les mêmes numéros de régi-
ments avaient été aperçus, dans la même journée,
sur l'uniforme des Allemands de passage.

Autre fait. — On avait remarqué que le premier
parlementaire, celui qui avait apporté la fameuse
lettre du général de Tresckow, s'était, à l'encontre
des us et coutumes de rigueur en pareil cas, avancé
à travers champs et n'avait pas fait reconnaître sa
qualité de parlementaire. Aussi fut-il accueilli à
coups de fusil. C'est alors seulement qu'il se décida
à hisser un mouchoir blanc et à faire sonner. Il
fut conduit au poste de la porte du Vallon, se fit
servir à déjeuner, et jeta aux alentours des regards
furtifs.

Le lendemain il revint, et des obus ennemis tombèrent auprès de lui au moment où il se trouvait
arrêté à quelques centaines de mètres du Vallon. Il
sollicitait un échange de prisonniers. Or il n'y
avait pas de prisonniers prussiens à Belfort. M. Denfert ne lui remit autre chose qu'une plainte contre
la violation du droit des gens faite par le tir de
l'ennemi pendant qu'on parlementait.

Le surlendemain, nouveau parlementaire. Il apportait une lettre d'excuses au sujet du tir de la veille.

Tout cela était louche et préoccupait vivement les esprits. Les avis officiels qui informèrent plusieurs fois la population que les missions des parlementaires étaient sans importance, les surexcitèrent davantage. L'imagination pleine de tous les récits fantastiques que l'on faisait des intrigues prussiennes, on exagérait les faits ; l'on raconta que le parlementaire était, pour des motifs plus ou moins spécieux, sorti, après qu'on lui eut débandé les yeux, et qu'il avait ainsi pu jeter un coup d'œil sur l'intérieur de Belfort.

Les inquiétudes que l'on concevait étaient certainement fondées. Quelques documents que les Prussiens aient pu trouver à Strasbourg, particulièrement sur les places fortes de l'Alsace, ces renseignements étaient nécessairement incomplets et fautifs. Les fortifications de Belfort, par exemple, avaient été grandement modifiées depuis la déclaration de la guerre. D'après cette seule considération, on pouvait juger que l'ennemi, — en sa double qualité d'assiégeant et de Prussien, — chercherait par tous les moyens possibles à se rendre un compte exact de la situation de la forteresse. La fréquence des allées et venues des parlementaires, la futilité des motifs qui n'étaient que des prétextes, les allures indiscrètes des envoyés, la chute, sous leurs yeux, de projectiles lancés par leurs canons qui leur permettait de vérifier le tir, confirmèrent pleinement la première idée.

Aussi, quand le 10 novembre un nouveau parle-

mentaire vint apporter des lettres de prisonniers
français adressées à des soldats de la garnison de
Belfort, le gouverneur ne fit que suivre le mouvement de l'opinion publique en avertissant que doré-
navant les parlementaires ne devaient plus venir
sans une mission sérieuse et qu'ils devaient se pré-
senter par la route de Roppe.

Belfort fut dès lors délivré de ces inquisiteurs.
Tresckow affecta même du rigorisme dans sa discrétion. Il n'écrivit plus au colonel Denfert que pour
répondre à ses lettres, et encore ne répondit-il pas à
sa communication relative à la démarche des Suisses.

En même temps que l'ennemi cherchait à s'enquérir de l'état de Belfort au moyen de parlementaires, et qu'il tentait de nous donner le change sur
les forces de l'armée de siége, nous voyions les
divers postes correspondre entre eux par des signes
d'un nouveau genre : les verres de différentes couleurs à jeux de lumière intermittents. Ces appareils
fonctionnaient fréquemment. Ils paraissaient être
d'un emploi facile ; quant à leur utilité elle était
incontestable.

Aussi firent-ils regretter que Belfort n'eût pas
à sa disposition un système analogue. Il aurait permis une correspondance sûre entre les diverses
positions occupées par les Français, et même entre
la forteresse et un observateur placé au loin. Nous
n'aurions jamais été longtemps complétement privés
de nouvelles extérieures.

On avait établi entre certains points et le château
des fils télégraphiques ; mais ils étaient aériens et
par conséquent fort exposés aux projectiles. Aussi,

malgré les réparations qui y furent faites de temps
en temps, ils furent et restèrent coupés en maint
endroit. Ces inconvénients ne se seraient pas pro-
duits s'ils avaient été souterrains. Mais à l'époque
où ils furent établis, on n'avait plus-le temps qu'aurait exigé la pose d'un système de ce genre.

On tenta pourtant à Belfort même de mettre à
profit les jeux combinés de la lumière et de l'élec-
tricité. Tout le monde se rappelle, au moins pour
en avoir entendu parler, ces phares perfectionnés de
l'Exposition de 1867, d'où jaillissaient à des distances de plusieurs kilomètres des cônes éblouis-
sants. Pendant plusieurs nuits, un appareil de ce
genre placé au château projeta sa clarté dénoncia-
trice sur les ouvrages prussiens, et forma dans
l'obscurité la plus profonde des points de mire pour
notre artillerie. Nous eûmes ainsi le spectacle féeri-
que de ces longues traînées lumineuses passant en
un faisceau de rayons par-dessus la ville qu'elle
laissait dans l'ombre, puis éparpillant ses milliers
de feux sur un emplacement précis ; et, quand la
lumière allait s'abattre en un autre point, le point
abandonné rentrait en un clin d'œil dans l'obscurité. Mais, dans ce court passage d'une vive clarté à
une obscurité complète, les arbres, les collines, les
villages se détachaient du fond noir de la nuit avec
des formes fantastiques. Malheureusement cette
expérience ne fut qu'un spectacle ; elle ne donna
aucun résultat pratique sérieux. Il paraît que l'appareil, apporté de Besançon pendant l'investissement,
n'était pas assez puissant.

Ajoutons que, le 7 novembre, un ordre de la place

fit savoir que les Hautes et Basses-Perches étaient
« munies de lanternes à réflecteur, indiquant par
un *feu rouge* que l'ouvrage est attaqué par le flanc
gauche ; — *feu vert,* flanc droit ; — et enfin, *feu
blanc,* de front. Si l'ouvrage est cerné, les trois couleurs alternativement. »

CE N'EST PLUS LA VIE DE GARNISON.

A l'époque de l'investissement, une grande partie
de la garnison était logée dans des casemates, des
tours, des casernes ou dans des abris solidement
construits et recouverts de terre comme aux Perches.
Malheureusement ces abris étaient fort exigus. Il y
en avait qui n'atteignaient pas intérieurement la
hauteur d'un homme de grande taille ; d'autres,
plus élevés, renfermaient un étage consistant en un
lit de camp placé à moitié de la hauteur. Certaines
troupes occupaient les villages et les hameaux voisins, la gare et diverses maisons des faubourgs.
Quelques détachements campaient, notamment sur
les Perches et au camp retranché.

Tant que la température fut douce et que l'assiégeant ne tira point, l'existence sous la tente était
supportable. C'était même la préférée pour peu
qu'on y fût habitué. Mais, à l'arrivée de l'hiver et
des obus, on chercha un abri plus protecteur. C'est
alors que s'élevèrent des baraquements contre des
murs de jardins, etc. C'est alors que furent creusées
dans la terre des trous recouverts tant bien que mal
avec des planches. Aux Hautes-Perches, on put
voir, — peut-être le peut-on maintenant encore, —
au niveau du sol, une ouverture conduisant dans

une sorte de tanière. C'est dans de tels abris qu'une partie de la garnison passa l'hiver de 1870-71.

C'est aussi sur les remparts ou aux avant-postes que furent passés plus d'un jour et plus d'une nuit d'hiver, car le chiffre des soldats présents dans la place et capables de faire le service ne tarda pas à diminuer tellement que le tour de garde revint souvent après deux, trois jours et même après vingt-quatre heures de repos.

Tandis que l'artillerie devait toujours être à portée des pièces, l'infanterie avait à faire le service pénible et dangereux des grand'gardes.

C'était le plus souvent dans quelque ferme abandonnée ou même dans un bois éloigné que bivouaquaient les postes avancés. Il est des soldats qui eurent des doigts de pied gelés.

Les sentinelles placées aux alentours voyaient fréquemment les sentinelles ennemies. Quelquefois derrière celles-ci, d'autres surgissaient inopinément de trous creusés en terre où elles s'étaient dissimulées en se couchant de tout leur long. Alors les balles sifflaient ; on se répondait avec l'ardeur que l'on met à échanger les premiers coups de fusil.

Plus d'une fois aussi, une de ces sentinelles perdues porta la main à son front ou à son bras couvert de sang, qui avait été frappé de loin par un adversaire caché.

Tels étaient les dangers ordinaires des grand'gardes. Quant aux souffrances qu'entraînent de nombreuses nuits passées au dehors au cœur de l'hiver, elles ne sont facilement concevables que par ceux qui ont fait partie de l'armée de Bourbaki.

Puis c'était l'alarme donnée par un factionnaire

qui mettait tout le poste en émoi ; le signal donné par son coup de feu avertissait de s'apprêter à résister à un premier choc et à porter l'alarme plus loin. L'éventualité de ces alertes préoccupait fort certains officiers de la mobile qui se savaient parfaitement incapables de prendre des mesures en rapport avec la responsabilité qui leur incombait.

L'infanterie avait encore d'autres fonctions qui étaient tout aussi considérables. Elle faisait des reconnaissances et des sorties. L'artillerie des forts les appuyait souvent. Il n'y avait qu'une seule batterie volante : organisée à Belfort même, elle joua son rôle dans les démonstrations importantes.

LES PREMIERS COUPS DE CANON.

Le 3 novembre déjà, le feu fut ouvert par divers forts. La Justice eut l'honneur d'envoyer le premier obus sur les premiers retranchements prussiens.

Tous ceux qui ont entendu le premier coup de canon s'en souviennent aujourd'hui encore. Ils en ont étudié toutes les phases. Au milieu du bruissement confus qui s'élevait de la ville, la voix de bronze se fit tout à coup entendre avec sa large et imposante sonorité, puis à la détonation de la poudre succéda comme un immense déchirement des airs, accompagné des répercussions de plus en plus assourdies des montagnes ; et, lorsque le dernier écho expira dans le lointain en un vaste soupir, il y eut, pour ceux qui purent suivre par l'oreille et la pensée le projectile dans sa course, un moment où dans une émotion complexe se résu-

mèrent toutes leurs espérances, leurs vœux et leurs
appréhensions; il y eut un moment court, fugitif,
mais rempli de faits où ils éprouvèrent, à sa suprême
puissance, ce qu'éprouve chaque homme quand;
le premier pas fait dans une entreprise considérable,
il s'écrie : « Le sort en est jeté. »

Je n'ai pas la prétention de raconter la lutte
incessante de l'artillerie des forts, avec la persévé-
rance des travailleurs ennemis, ni de discuter la
manière dont elle appuya les combats d'infanterie.
Je me bornerai à signaler les points principaux, afin
qu'on puisse se rendre compte *grosso modo* des opérations du siége.

Dès les premiers temps, les Prussiens se mirent
à travailler avec ardeur sur différents points. Mais
ces ouvrages ne permettaient pas d'émettre une
opinion sérieuse sur le plan d'attaque. D'ailleurs,
ils étaient dans le principe purement défensifs :
nulle part ne s'établissaient de batteries. On crut
remarquer que les assiégeants creusaient une double
circonvallation pour résister et aux agressions du
dehors et aux attaques de la garnison investie.

Des forts, des bois, de la voie du chemin de fer,
on voyait parfaitement les travaux. Ils avançaient
rapidement. Le temps était généralement au beau.
Quelquefois aussi on voyait des mouvements de
troupes. Inutile de dire qu'on ne se faisait pas faute
de leur envoyer des obus. On crut même voir un
jour sauter un caisson de munitions.

Il y avait quelque chose d'exaspérant à voir l'ennemi travailler à ses retranchements sans le contrarier à tout moment. L'ardeur des jeunes canonniers avait besoin d'être réfrénée. Ils ne savaient

pas, — et ils n'étaient pas les seuls à se faire illu
sion, — combien il fallait économiser les provisions.
Et cependant cette idée les préoccupait alors déjà,
lorsqu'ils voyaient que la plupart du temps on en
lançait une certaine quantité en pure perte. Que de
fois n'avait-on pas la distance exacte au point voulu,
ni même à des points de repère quelque peu rapprochés! On était réduit à l'obtenir en tâtonnant.

A chaque instant, de nouveaux ouvrages étaient
signalés. On en remarquait tout alentour : à Bessoncourt, à Sermamagny, à Vézelois, etc.

Suivant l'usage traditionnel, le feu de la place
s'ouvrit aussi, et dès les premiers jours, sur la plupart des villages environnants. Ce furent même
dans les commencements ses points de mire ordinaires. Dès le 5, le feu fut mis à Vézelois et à Chèvre-
mont. On pointa aussi la maison Saglio à Sévenans
sur l'annonce que le quartier général s'y trouvait.
Après qu'une sortie eut été faite sans qu'on parvînt
à enlever Bessoncourt, ce village fut ravagé. Cravanche fut entièrement fouillé et par les pièces des
forts et par une batterie de campagne[1]. Denney et
le Valdoie souffrirent beaucoup. Bref, il y avait un
peu partout des Prussiens à débusquer.

Souvent l'utilité, la nécessité de ces terribles
mesures étaient évidentes. Mais souvent aussi les
profanes, — et le plus grand nombre en est, — les
trouvaient systématiques. La critique s'exerçait alors
d'autant plus facilement que les renseignements
qui les motivaient parurent pécher, plus d'une fois,
par leur manque de précision et même par leur

1. A la journée du 24 novembre.

inexactitude. Il y aurait tout un procès à instruire. Des réclamations nombreuses et violentes ont été faites. Peut-être un jour recueillera-t-on toutes ces pièces. Pour ma part, je décline ma compétence. Ainsi, sans les discuter ni les analyser, soit dit pour mémoire.

La démolition des bâtiments soupçonnés de ser-. vir à l'ennemi et le tir sur ses ouvrages permirent à l'artillerie de la mobile de faire ses écoles à feu, mode d'instruction peu commun et qui n'a pas été prévu par le *cours spécial.* Aussi est-ce avec un double intérêt que les jeunes canonniers observaient la course du projectile, épiant le moment où une détonation lointaine et un léger nuage de fumée laissaient juger si le but avait été atteint ou manqué. .

LES SORTIES ET RECONNAISSANCES.

Ouvrez les traités d'artillerie les plus élémentaires, vous y verrez qu'on compte deux méthodes d'extinction du feu ennemi, ou, plus généralement, de destruction des travaux de l'assaillant. L'une, peu dangereuse, mais peu efficace, s'exécute au moyen du tir de la place; l'autre, plus expéditive, mais plus meurtrière, consiste dans les sorties de la garnison.

Nous avons vu que, dès les premiers jours, l'autorité militaire avait mis certaines troupes d'infanterie aux prises avec les premières colonnes d'investissement et qu'elle avait, en quelque sorte, ajouté à la place une nouvelle enceinte fortifiée, le cordon d'occupation des villages. Il était donc con-

forme à ses idées d'attaquer les assiégeants pour
entraver leurs premiers travaux ou les refouler de
positions nouvellement acquises.

En effet, il y eut des sorties proprement dites. Il
y eut aussi des reconnaissances poussées à tour de
rôle et périodiquement par divers corps d'infanterie
avec un petit nombre d'hommes. Comme le nom
l'indique, ces expéditions avaient pour but l'observation des mouvements de l'ennemi ; ce n'est pas à
dire qu'on négligeât à l'occasion de tirer un coup de
fusil, bien au contraire. Il arriva même souvent que
des escarmouches nourries s'ensuivirent.

La reconnaissance envoyée le 10 novembre à
Offemont était flanquée de deux pièces d'artillerie.
Aussi, à l'annonce de l'arrivée des Français, les
Prussiens n'eurent-ils rien de plus pressé que
d'évacuer le village.

Le 19, vingt-quatre mobilisés de Belfort, faisant
avec vingt-quatre douaniers une petite reconnaissance, furent accueillis, à leur passage près du bois
de l'Arsat, par une grêle de balles. Ce nonobstant,
ils firent bonne contenance, électrisés qu'ils étaient
par le cri de l'un d'eux : « En avant, les Miottains[1] ! »
A la même date, les commandants de la Justice et
de la Miotte firent, avec la garnison de ces forts, une
démonstration vers des ouvrages auxquels l'ennemi
ne paraissait plus travailler depuis quelques jours.
Il n'en fallut pas davantage pour faire surgir suc-
cessivement, en divers points, infanterie, cavalerie,

---

1. C'est ainsi que les Belfortains aiment à s'appeler par allusion
à la pierre de la Miotte qui rappelle diverses légendes et à laquelle
s'attache le plus vif sentiment de patriotisme local.

artillerie, qui s'exposèrent aux feux des forts, mais
ne permirent pas à la petite troupe de se mesurer
avec leur nombre.

A la reconnaissance du 22, près du Salbert, s'ouvrit un feu très-vif de mousqueterie.

Le 23, la reconnaissance envoyée à Offemont atta-
qua les Prussiens en train de faire des réquisitions.

Je borne à ces quelques faits cette énumération.
Ils montrent tous la multiplicité de la défense. L'ardeur des jeunes troupes y fut également mise en
évidence.

Plus d'une fois, les grand'gardes échangèrent des
coups de fusil avec les ennemis qui s'aventuraient
dans leurs parages. Il arriva même qu'elles firent
des promenades guerrières au delà des avant-postes.
Ainsi, le 14 novembre, cinquante mobiles de grand'-
garde dans l'Arsat poussèrent spontanément une
reconnaissance jusque dans Roppe; ils y allaient
gaillardement chercher deux canons à enclouer ou
à emmener. Mais les pièces n'étaient plus à leur
place ordinaire.

Les mobiles rivalisaient en cela avec les deux
compagnies de francs-tireurs d'Altkirch, détachées
du corps de M. Keller. Ceux-ci étaient presque continuellement à tirailler aux postes avancés et à har-
celer l'ennemi dans d'aventureuses excursions.

Le 21, on apprit que le commandant supérieur
avait décidé la création de compagnies d'éclaireurs
volontaires. Les bataillons du 45e et du 84e de ligne
et ceux de la mobile du Rhône et de la Haute-Saône
fournirent quatre compagnies. Il en est de ces *enfants
perdus,* comme ils aimaient à s'intituler, qui firent
des prouesses. Sans être des corps francs dans le

sens strict du mot, ces compagnies jouissaient d'une certaine indépendance; mais elles étaient soumises respectivement aux commandants des forts où elles se trouvaient.

Certaines reconnaissances durent être appuyées par les canons de la place. Souvent ils intervinrent très-utilement. Ainsi, à la reconnaissance faite à Roppe, le 14 novembre, par des grand'gardes, un obus parti de la Miotte vint fort à propos tomber au milieu des Prussiens, qui, revenus de leur première surprise, se massaient en grand nombre pour repousser les audacieux mobiles du Rhône. Mais d'autres fois, le manque de précision dans les renseignements faillit mettre le désarroi dans les troupes amies elles-mêmes; car, dans ces cas-là, les groupes qui apparaissaient au loin se distinguaient difficilement à l'œil nu et même avec des lunettes d'approche[1]. On constata alors l'énorme avantage du pantalon rouge comme signe distinctif.

. Quant aux sorties, elles se firent avec des pièces de campagne.

La plus importante de toutes est celle de Bessoncourt.

Bessoncourt est un village situé en avant du fort de la Justice. — Vers la mi-novembre, on remarqua que les Prussiens travaillaient activement à se retrancher de ce côté-là. En même temps des troupes considérables occupaient le village même. Bref, un front d'attaque très-sérieux commençait à s'y développer. Le commandant supérieur résolut d'en refouler les ennemis.

1. Et il se trouva qu'il y en avait fort peu à Belfort.

Deux mille hommes environ, pris dans le bataillon du 84e, la mobile du Rhône et de la Haute-Saône, soutenus par une batterie d'artillerie que devaient seconder les canons de la place, en furent chargés. Une petite ambulance volante suivait. On partit de bon matin.

La besogne était rude, et les mobiles marchaient pour la première fois au feu.

Accueillis par une fusillade très-nourrie partie des retranchements et à laquelle ils ne pouvaient pas répondre efficacement, le 84e et les mobiles du Rhône engagent une action très-vive; les mobiles de la Haute-Saône, en grande partie, lâchent pied. Le plus sûr est de charger à la baïonnette. Des renforts arrivent continuellement à l'ennemi. Des braves se précipitent en avant, cherchant à entraîner tous les autres. Trois officiers du Rhône, le commandant Lanoir et les capitaines de Nerbonne et Peyret, tombent. Le premier a le crâne brisé par une balle; les deux autres sont grièvement blessés. Le désarroi se met dans les rangs. On se dit que la colonne qui devait faire diversion sur la gauche n'arrive pas. Seul, l'excellent bataillon du 84e tient bon jusqu'au bout; le sous-lieutenant Rossignol, blessé au bras, donne l'exemple du plus vaillant courage en continuant à s'avancer. Les pièces de campagne placées près de la Justice et diverses pièces des remparts font un feu roulant. Mais l'ennemi devient de plus en plus nombreux, tandis que les rangs des Français s'éclaircissent et qu'aucun renfort ne leur arrive. Les derniers se décident à battre en retraite.

C'était un échec, mais non un désastre. Relativement aux intérêts de la place, le *statu quo* était maintenu, sauf une perte de deux cents hommes, tués ou disparus.

Cet engagement mit en lumière de nobles exemples; il fut signalé par des morts glorieuses [1]. Mais il montra aussi une fois de plus combien mauvais avait été, en général, le choix des officiers de la mobile; car c'est à cela qu'est due en grande partie la débandade, — il faut appeler les choses par leur nom, — des mobiles de la Haute-Saône. Les chirurgiens qui s'étaient établis à quelque distance du théâtre de la lutte racontent qu'au fort de l'action ils virent venir vers eux un capitaine de la Haute-Saône effaré, inquiet... à la recherche de sa compagnie, et un lieutenant, également de la Haute-Saône, qui se plaignait d'avoir reçu un coup de pied de cheval dans le dos.

Vers la fin de novembre, on chercha, sur un autre point, la revanche de l'échec de Bessoncourt. A cette époque, on tentait surtout de faire des surprises au moyen de reconnaissances offensives.

Le 24 novembre, l'ennemi venait de prendre possession du Mont, et était occupé à s'y établir. Ce même jour, un bataillon du 35e de marche part avec de l'artillerie contre le village de Sévenans. A la suite d'une action assez vive, l'ennemi plie, et les nôtres... reçoivent l'ordre de la retraite. Pourquoi? — parce que la nuit arrivait; les soldats n'apprirent aucun autre motif.

Le 28, on renouvela une tentative du même côté avec des francs-tireurs, des soldats du 45e et des

1. Voir l'ordre du jour aux *Documents officiels*.

mobiles. On devait s'emparer du moulin de Botans,
du village de Sévenans et du château Saglio. Les
Prussiens se retirèrent d'abord en désordre; mais
peu après arrivèrent des troupes fraîches, cavalerie
et artillerie. On dut se replier.

Plus tard, il y eut encore des reconnaissances. Il
en sera question en leur lieu.

COMPLICATIONS.

Les Prussiens continuaient donc sans relâche
leurs travaux. Des mouvements de troupes plus ou
moins considérables s'effectuaient également. Peu
à peu, tous les alentours furent parsemés d'ennemis.

Nous présumions, non sans raison, qu'après avoir
fait plusieurs incursions à Héricourt et à Montbéliard, ils s'y établissaient définitivement, et qu'au
delà du cordon d'investissement, étaient cantonnées
des troupes prêtes à servir de renfort et occupées à
des réquisitions. On remarqua, peu de jours après
la capitulation de Neuf-Brisach, des mouvements
considérables. Le bruit courait également, vers la
même époque, d'un transport de grosses pièces
d'artillerie et de lourds chariots; seulement l'exa-
gération qui s'en mêlait rendait la chose moins
croyable.

En somme, on voyait, à n'en pas douter, dans
l'opiniâtreté des Prussiens le signe précurseur d'un
siége en règle, et dans le développement et la force
de leurs travaux, la preuve que le cercle n'était plus
à rompre, et qu'il ne pouvait que se rétrécir.

Aussi, quand le 24 novembre, on vit revenir des compagnies de mobiles aux vêtements en lambeaux et aux pantalons basanés par la boue, et qu'on les entendit dire qu'ils avaient dû quitter le Mont, on ne fut étonné qu'à demi. On sentait que la situation se compliquait.

Voici ce qu'on raconta à ce sujet dans la garnison :

Le 14, certaines compagnies du Rhône et de la Haute-Saône durent occuper le Mont. Aucun retranchement n'y était fait. La position n'était forte que par elle-même. De plus, après l'été de la Saint-Martin qui nous avait favorisés quelques jours, était venu un temps pluvieux et froid. Les mobiles n'avaient ni baraquements, ni tentes, ni vêtements convenables. Impossible de se mettre à l'abri, à moins de construire des huttes; ce qui était facile, la colline étant boisée. Mais, comme il arrive toujours en pareille circonstance pour des troupes novices, elles ne mirent aucun entrain à la construction des abris. Peut-être se disaient-ils, chacun en lui-même, que, l'ouvrage terminé, ils seraient relayés et qu'ils se trouveraient avoir travaillé pour d'autres.

Ils restèrent ainsi neuf jours. Le 23, à la tombée de la nuit, vinrent des troupes disposées à les relever de leur poste. C'étaient des Prussiens. Instruits, sans doute, de ce qui se passait, les premiers approchants s'avancèrent en criant : « Ne tirez pas, ce sont des mobiles. »

Ils ne tardèrent pas à être reconnus. Une fusillade très-vive s'ensuivit; les canons de la place tonnèrent et, pendant plusieurs heures, les Français se maintinrent.

Mais, réduits à leurs seules forces, surmenés par la vie qu'ils subissaient depuis dix jours, épuisés par la lutte, ils durent battre en retraite. Ils revinrent à Belfort dans un état piteux qui fit impression.

Une impression plus forte encore fut produite à cette occasion. La population fut avertie que l'abandon du Mont mettait la ville à la discrétion des obus de l'ennemi. Des recommandations furent faites et des dispositions prises en conséquence [1].

S'il ne fallait pas songer à reprendre le Mont, on pouvait, du moins, empêcher l'ennemi de s'y établir.

Aussi les forts tirèrent-ils une quantité considérable de projectiles le matin même du départ des mobiles. On les voyait tomber sur la côte et éclater coup sur coup. On aurait dit d'énormes étincelles. Les Prussiens ne purent songer à occuper une position que pouvait battre si vigoureusement le feu convergent des Barres, de l'ouvrage à cornes de

---

1. Quelques jours après, la note suivante fut publiée :

« M. le maire de Belfort, en date du 30 novembre, a pris un arrêté relatif aux incendies occasionnés par le bombardement. Les soins de M. le maire se sont portés principalement sur l'organisation d'un service de surveillance destiné à diminuer les dégâts des incendies et à porter secours aux blessés dans la ville par les projectiles ennemis. »

On savait heureusement que ces affirmations n'étaient pas lettre morte.

De plus, le 24, le gouverneur avait prescrit de ne pas allumer le gaz dans les faubourgs et de ne pas circuler la nuit avec des flambeaux, de faire les enterrements à la tombée de la nuit et sans cortège, pour éviter des rassemblements qui eussent attiré les feux de l'ennemi.

l'Espérance, de la limite gauche du camp retranché, de la Miotte et de la Tour-des-Bourgeois. Le soir même, une reconnaissance put circuler le long du Salbert, où une escarmouche assez vive acheva de dérouter l'ennemi. Malheureusement les villages avoisinants souffrirent beaucoup.

On remarqua ce jour-là une batterie dissimulée derrière la pointe de l'Arsot (vers le Valdoie). Elle essaya de tirer sur la ville selon les uns, sur une batterie française établie au hameau des Forges, suivant les autres. Quoi qu'il en soit, les projectiles tombèrent sur le champ de manœuvres et dans la Savoureuse, qui le longe.

A ce moment-là, on put contempler un spectacle curieux du haut des bastions de l'Espérance. Au moment où la plupart nous voyions venir, pour la première fois, des obus dirigés contre nous, nous apercevions de petites formes humaines qui couraient en tous sens sur le champ de manœuvres, mais paraissaient avoir une attraction toute particulière vers les endroits où éclataient les projectiles.

Le gavroche parisien, immortalisé par Victor Hugo, allait, sous le feu de la mousqueterie, chercher des balles dans les gibernes des soldats tués en avant de la barricade. Les gavroches de Belfort, à l'endroit le seul exposé en ce moment-là, guettaient l'explosion des obus ennemis pour en recueillir les premiers éclats. Le vrai n'est quelquefois pas vraisemblable!

La mise en batterie des pièces de campagne dont nous venons de parler confirmait ce qu'on avait dit auparavant des mouvements extraordinaires dont le Valdoie était le centre.

Le 22, la place avait déjà ouvert un feu violent contre ce malheureux village, et une reconnaissance offensive s'y était ajoutée. La journée du 22 fut connue à Belfort sous le nom de *Journée des dix-sept cents coups de canon*. C'est, en effet, à ce chiffre énorme que s'élevèrent les dépenses de projectiles ce jour-là.

On voit que l'ennemi eut quelques chaudes journées, et elles ne tournèrent pas à son avantage, malgré les ruses ou les supercheries qu'il mit en jeu. — Ainsi : « Au combat du Mont, le 23 novembre, les Prussiens ont fait sonner par leurs clairons la retraite de nos troupes. La même ruse paraît avoir été employée, mais sur une échelle moins étendue, le 15, au combat de Bessoncourt. -

« Des Prussiens, vêtus de capotes analogues à celles de nos artilleurs, ont répondu : *France* au *Qui vive* des sentinelles, et ont ensuite fusillé nos troupes presque à bout portant.

« Une autre fois, ils se sont présentés vêtus de capotes provenant de campements abandonnés, et de pantalons rouges.

« Enfin on les a également entendus dire au Mont, lorsqu'ils s'approchaient pour l'attaquer : Ne tirez pas, ce sont des mobiles [1]. »

Il n'en est pas moins vrai qu'on devait s'attendre à toutes les éventualités. L'assiégeant paraissait

---

1. Ordre du 26 novembre. — Même jour : « Les grand'-gardes auront des fanions blanc et rouge pour indiquer et corriger le tir de nos canons ; suivant que le fanion monte, descend, va à droite ou à gauche, le coup est trop long, trop court, ou à droite ou à gauche. On placera des guetteurs dans les forts pour observer les coups de l'ennemi et les signaux des fanions.

décidément vouloir prendre l'offensive. Le 28, au soir, en même temps qu'il attaquait Bavilliers, — qui fut, en conséquence, canonné, — il occasionnait à Bellevue une sérieuse alerte; mais elle n'aboutit qu'à un échange, très-vif il est vrai, de coups de fusil.

Cette alerte fournit l'occasion de prendre une nouvelle mesure de prudence :

Vers la fin de novembre, des faits singuliers frappèrent les esprits et attirèrent l'attention des autorités. Plusieurs nuits, on aperçut dans la ville des lumières qui semblaient se montrer, puis se cacher quelquefois pour reparaître; qui semblaient donc représenter des signaux conventionnels pouvant être vus de fort loin; en un mot, elles avaient des allures suspectes.

Les Prussiens avaient-ils réellement des intelligences dans la place? — Rien ne le prouvait, rien ne l'a prouvé.

Mais ces feux furent aperçus au moment de l'alerte de Bellevue, et purent être utiles au tir ennemi.

La municipalité publia, en conséquence, l'avis suivant :

Par ordre de M. le colonel gouverneur, le maire porte à la connaissance des habitants que, dans l'alerte qui a eu lieu hier, entre dix et onze heures du soir, des lumières ont paru en grand nombre aux fenêtres de certaines maisons, notamment du Fourneau et des faubourgs;

Et que ces feux, vus de l'ennemi, lui ont servi de points de mire pour le tir de son artillerie;

En conséquence, le maire invite expressément les habitants, en cas de nouvelle attaque nocturne, à s'abstenir, à l'avenir, dans l'intérêt de la défense de la place, d'allumer des feux dans l'intérieur de leurs maisons, à moins que les volets ne soient hermétiquement fermés, et que la lumière ne puisse s'apercevoir du dehors.

Il recommande, en outre, aux habitants, d'avoir la même précaution tous les soirs, du côté vu par l'ennemi.

Le commissaire de police est chargé de l'exécution de la présente publication.

Belfort, le 29 novembre 1870.

Le maire,

MÉNY.

LES ON-DIT.

En temps de guerre et particulièrement en temps de blocus, il est de ces rumeurs qui proviennent on ne sait d'où, qui se propagent on ne sait comment, qui deviennent des on-dit qui se répètent, et qui, passant de bouche en bouche, tendent à obtenir créance, parce qu'ils prennent de la consistance : *Acquirit vires eundo.* Des commentaires gratuits s'y ajoutent, et pourvu que quelque lambeau de journal fasse incidemment allusion à un fait qui puisse se rattacher aux bruits qui ont cours, l'imagination délivre à la rumeur un brevet de véracité. Qu'une dépêche, plus ou moins officielle, parle timidement du succès, — car ce sont toujours des succès, — que tout le monde se confie; qu'un rapport de l'ennemi annonce avec fracas le contraire, la réussite du faux bruit est assurée : il entre d'emblée dans les cerveaux les plus rebelles.

On disait de certain procureur du siècle dernier qu'il se faisait fort, en torturant le sens d'une

phrase, d'y trouver le motif d'une pendaison de
l'auteur ; on peut dire qu'avec une ligne imprimée,
rendue publique dans une ville assiégée, les ima-
ginations produisent en commun de quoi sauver un
peuple. Mais ces conjectures sont aussi les plus éphé-
mères et deviennent les plus décevantes. Cependant
le besoin d'espérer est si grand qu'il faut bien des
déboires pour mettre l'esprit sur ses gardes. La per-
sistance d'un bruit parvient presque toujours à le
faire admettre, ne fût-ce d'abord qu'à titre provisoire et sous bénéfice d'inventaire. Ce n'est que bien
tard qu'arrive le moment où l'on devient défiant.
Mais alors la défiance devient systématique : elle
dégénère en scepticisme. Alors il suffit qu'une chose
se dise et se répète pour qu'elle fasse naître, sur les
lèvres de celui qui l'apprend, un sourire d'incrédulité.

Ces diverses fluctuations de l'esprit public for-
ment comme des phases qui se succèdent infailli-
blement dans les esprits de ceux qui sont obligés,
pendant un temps donné, de se repaître ordinairement de nouvelles sujettes à caution, et ne voient
que rarement des dépêches auxquelles ils puissent
se fier. Mais celles-ci sont elles-mêmes le plus souvent dénaturées, parce qu'elles viennent isolément,
et qu'on ne peut en apprécier le sens strict par les
conjonctures qui ont précédé et accompagné le fait
qu'elles relatent.

Au mois de novembre, la pénurie des nouvelles
fut loin d'être complète. Le siége était à son début.
La ligne d'investissement était très-développée et
occupée par un cordon de troupes peu fourni. On
pouvait, sans trop de peine, correspondre avec les

localités avoisinantes. Les gens qui connaissaient le pays passaient assez facilement entre les solutions de continuité de cette énorme circonférence.

Impressionnable comme on est aux premiers jours, on exagérait, c'est-à-dire on embellissait tout. Pourtant l'on ne se dissimulait pas que la capitulation inattendue de Metz avait été un coup terrible pour le gouvernement de la défense nationale. Mais la probabilité du succès se mesurait à ses énergiques efforts, sans qu'on mît suffisamment en relief l'immensité de la tâche.

Quelque nombreuses qu'aient été les nouvelles reçues pendant le mois de décembre, elles ne nous éclairèrent pas sur la réalité de la situation. Nous n'avions pas de ces vues d'ensemble qui permettent de juger d'une question. Nous ne recevions que des nouvelles de détail, des récits d'escarmouches locales. A peine nous faisions-nous une idée exacte des grands corps d'armée qui devaient opérer au dehors de Paris.

On nous apprenait que les francs-tireurs remportaient quelques succès de divers côtés, et en même temps on nous disait que l'armée du Nord, que Bourbaki devait mettre sur pied, avait refusé de marcher, puis qu'il organisait activement la défense à Lille; enfin, qu'il avait remporté un succès important. Bref, les journaux, qu'on lisait avec avidité, ne contenaient guère que des récits d'engagements sans importance et des nouvelles contradictoires.

Nous n'avons pas été sans avoir connaissance de l'insurrection du 31 octobre. Elle souleva une violente indignation, après avoir produit une surprise tout aussi grande. Séparés du monde, les passions politiques n'enfiévraient pas nos idées. La pensée absorbante de la patrie nationale et le souci de sa défense éclipsaient la pensée des partis et de leurs dissolvantes turbulences. Il ne nous venait pas à l'esprit que la logique de ces idées ne se traduisait pas dans les faits. Nous ne songions pas que ce gouvernement, légitimé par la force des choses et qui se maintenait par son programme résumé en son titre ; que ce gouvernement qui, proclamé à Paris, avait été acclamé partout, à la place d'un régime en décomposition qui n'avait pas été renversé par la violence, mais s'était effondré de lui-même dans la boue ; — nous ne songions pas qu'il pût avoir à lutter avec d'autres que l'ennemi du dehors. Nous ne songions pas que certains hommes, devant les hostilités de l'ennemi et les intrigues bonapartistes, — favorisant les unes et les autres, — oseraient perpétrer sur lui un criminel coup de main, en se prévalant fallacieusement de l'adage : *Hodie tibi, cras mihi.* Nous ne songions pas non plus qu'il y en aurait d'autres qui, alors que la France ne voit pas encore son territoire mutilé purgé de la présence des envahisseurs, donneraient le coup de pied de l'âne à un gouvernement qui a entrepris une tâche devant laquelle ils reculaient, et qui a succombé par suite des fautes qu'il n'a pas commises. Mais on lui en fait hériter la responsabilité, parce qu'il voulait les réparer !

Nous apprîmes aussi que l'armistice, réclamé pour permettre des négociations de paix avec une représentation nationale, n'avait pas abouti par suite de prétentions exorbitantes.

Une autre nouvelle qui, en toute circonstance, nous aurait été désagréable, vint s'offrir comme une planche de salut pour la France : c'est la dénonciation des traités de 1856 par la Russie. On ne voyait pas quelle corrélation précise il devait y avoir entre ce fait et une délivrance de notre patrie. Mais on était si content de voir l'Angleterre, qui s'était montrée si froide à notre égard, entrer dans des complications ! Et le mot de « conflit européen », qui dit beaucoup sans expliquer grand'chose, est si vite prononcé !

D'autres faits ou plutôt d'autres mots défrayaient aussi les « nouvelles extérieures » des petits journaux qui paraissaient. Orléans et Dijon repris, Autun, Châteaudun, Bacon, etc., défendus à outrance, l'armée de la Loire prête à faire irruption dans Paris, d'après Gambetta, disait-on, et Paris tendant la main à la province, suivant une parole attribuée à Jules Favre...

Par-dessus tous ces on-dit planait la grande rumeur d'une prochaine sortie générale de Paris.

En somme, le ciel politique paraissait s'être rasséréné ; et, en attendant l'avenir, on se préparait à la lutte, avec la confiance que paraissaient devoir inspirer les événements et avec la résolution qu'avait fait naître au premier jour la capitulation de Metz. Les quelques détails qu'on apprenait à ce sujet l'augmentaient encore.

L'opinion publique fut également surexcitée dans le même sens par deux faits complétement opposés : la reddition de Neuf-Brisach et la résistance constante de Bitche.

Le mot capitulation sonnait mal aux oreilles.

L'impression produite sur chacun en particulier par les capitulations qui s'étaient succédé, persistait, en conservant la vivacité du premier mouvement et en acquérant la ténacité que donne la réflexion.

UNE MANIFESTATION DE L'OPINION PUBLIQUE.

Une circonstance imprévue fournit à la population belfortaine l'occasion de proclamer collectivement ses patriotiques sentiments, sur la nature desquels de sûrs pronostics ne laissaient. d'ailleurs aucun doute. A la veille des grandes choses qui se préparaient, cette manifestation fut la conclusion éclatante d'un pacte jusque-là tacite ; ce fut un engagement d'honneur pris en face de l'ennemi, et ayant par cette circonstance une signification tout particulièrement accentuée ; ce fut un acte donnant des gages réciproques et établissant une solidarité glorieuse.

‘ Le *Journal de Belfort* avait, par des articles qui, tout au moins, n'étaient pas au niveau du sentiment public, froissé la susceptibilité d'un grand nombre de citoyens. Ils adressèrent au colonel Denfert une protestation à la date du 30 novembre.

Nous regrettons de ne pas pouvoir donner les articles qui l'ont motivée. On aurait été à même de voir, — cette susceptibilité fût-elle jugée excessive et d'autant plus par ce fait, — combien elle était honorable. Toutes ces pièces appartiennent à l'histoire et méritent d'être reproduites.

Voici la protestation :

*Protestation adressée à M. le Commandant supérieur par
les gardes nationaux sédentaires de Belfort.*

Monsieur le Gouverneur,

La population de Belfort vient protester contre deux articles insérés dans le dernier numéro du journal hebdomadaire de cette ville.

Le rédacteur de cette feuille, sans oser nous dire ouvertement que notre cité devrait capituler pour ne pas subir le bombardement dont elle est menacée, insinue cependant que son rôle militaire est nul et sa résistance inutile; il raille le patriotisme de ces concitoyens qui sont résignés à tout souffrir pour conserver à notre France un pied en Alsace.

Nous désirons comme lui une paix *prochaine et honorable;* mais nous ne l'attendons point de la chute de notre capitale, que nous devons au contraire nous préparer à venger, si nous ne pouvons la sauver, avec nos armées du Nord, de l'Ouest et du Midi. La France ne peut pas périr.

Tels sont les véritables sentiments de la population belfortaine, qui pense comme vous, monsieur le Gouverneur, et notre brave garnison, que nous devons défendre Belfort jusqu'à la dernière extrémité, et déjouer, par notre invincible résistance et notre attachement à la République, les calculs politiques de la Prusse, qui voudrait se faire un titre de l'occupation entière de l'Alsace pour conserver notre belle province.

Ce sera notre éternel honneur à tous.

Nous vous prions, monsieur le Gouverneur, d'agréer, etc.

(Suivent de nombreuses signatures, celle du maire en tête.)

A la réception de cette protestation, M. Denfert y ajouta la lettre ci-dessous, adressée au gérant du journal incriminé.

Belfort, le 30 novembre 1870.

Monsieur le Rédacteur,

Deux articles de votre journal, inspirés par un esprit contraire à la défense de la place et aux intérêts du pays, ont motivé de la part des officiers de la garde nationale sédentaire et de la garde mobilisée une protestation que je vous invite à insérer dans votre prochain numéro, en la faisant précéder de la présente lettre, qui témoigne de ma complète adhésion aux sentiments exprimés par cette protestation.

Veuillez agréer, monsieur le Rédacteur, l'assurance de ma parfaite considération.

Le Colonel commandant supérieur,

DENFERT.

L'insertion de ces deux pièces fut accompagnée des réflexions suivantes de la part du *Journal de Belfort :*

M. le Colonel commandant supérieur de la place de Belfort nous adresse une protestation que nous insérons avec d'autant plus d'empressement qu'elle nous permet de protester contre l'interprétation que l'on a faite d'articles qui n'avaient ni l'intention ni le but qu'on a cru pouvoir leur attribuer.

Les lecteurs habituels de notre journal, qui voudront bien demeurer impartiaux à notre égard, nous rendront cette justice de reconnaître que nous n'avons jamais publié ni un article ni un seul mot qui aient pu froisser leur patriotisme et leur sincère attachement à la cité.

Une seule chose nous serait pénible dans ce débat, soulevé par des motifs dont le public restera juge; ce serait que l'honorable commandant de la place, après sérieux examen, pût croire que nous ayons eu la pensée, même la plus éloignée, de vouloir contrarier en rien les vues adoptées par lui pour notre défense, et à l'habileté desquelles tout le monde à Belfort, et nous-même en particulier dans ce journal, avons été heureux de rendre un hommage sincère et mérité.

CHAPITRE III.

LE PREMIER MOIS DU BOMBARDEMENT.

Les premiers obus. — Pas de nouvelles ! — Les coureurs. — Les forts et les tranchées. — La vie des caves. — Les incendies et les pompiers. — La tentative des Suisses. — La Noël des assiégés. — Les faux bruits et les ballons. — La question des vivres et la question du numéraire.

LES PREMIERS OBUS.

Le 3 décembre, les premiers obus ennemis attaquèrent certains forts et pénétrèrent dans les faubourgs ; il y eut des éclats qui tombèrent en ville. Ce jour-là, on put contempler au-dessus des Barres ces petits nuages blancs que font naître les projectiles qui éclatent en l'air.

Le premier sentiment fut un sentiment d'étonnement. Les premiers jours de décembre, des mouvements de troupes considérables avaient été signalés; mais ils semblaient présager un départ. On prétendit même avoir aperçu de loin le général de Tresckow en personne donner, avec les signes d'un violent dépit, des ordres impérieux. Naturellement le bruit courut que, désespérant de prendre Belfort par un coup de main, il reculait devant un siége en règle. La température, qui avait été généralement douce

en novembre, devenait âpre. On entrait en hiver;
et l'hiver n'est guère favorable à un siége.

Dans la nuit du 2 au 3 décembre, il y eut dans
les allures de l'ennemi une métamorphose complète. Une énorme tranchée fut faite comme par
enchantement; des centaines d'hommes y travail-
lèrent activement. L'aurore du 3 se leva sur des
batteries de siége parfaitement disposées; et, aussitôt disposées, elles se mirent à fonctionner.

D'après la physionomie de ces premiers travaux,
les plus ignorants pouvaient voir que l'ennemi allait
tenter son premier effort sur les plus récents
ouvrages : les Barres et Bellevue[1]. Il paraissait également ne pas avoir l'intention de négliger les Basses-
Perches. Quant au château, quel que fût le plan
d'attaque, il était dès l'abord un des objectifs principaux.

Au demeurant, les projectiles tombèrent un peu
partout. Il en est qui arrivèrent à l'arsenal, où l'on
se hâta d'enlever le toit de la poudrière et d'en ter-
miner le blindage.

Ces premiers obus étaient des obus français. Cette
particularité nous confirma dans la conviction que
le siége de Belfort était la conséquence immédiate
de la capitulation de Metz. Il en est qui n'éclatèrent
pas. Ils furent vidés, chargés à nouveau, puis expé-
diés à leur destination naturelle. Les Prussiens
reçurent leurs dons... mais en éclats.

Si l'assiégeant avait pris ses positions et établi des
batteries, l'assiégé avait fortifié, et je dirais même
renforcé la place.

1. La redoute de Bellevue fut achevée sous le feu de la mousqueterie.

Belfort, qui se trouvait, lors de la déclaration de la guerre, dans le même état pitoyable que les autres forteresses françaises, avait été mis en un état convenable. Les différents fortins étaient achevés ou réparés ; une longue tranchée munie de plusieurs pièces de canon défendait les faubourgs, et un cordon de troupes occupait les villages voisins. Seuls, le Grand-Salbert qui domine tout Belfort, et le Mont, moins élevé et plus rapproché de la ville, n'étaient pas retranchés et n'avaient pu rester occupés.

Le 3 décembre, la forteresse, garnie de défenseurs, présenta donc une formidable et multiple enceinte aux fronts d'attaque qui s'ébauchaient. Ce jour-là la consigne fut donnée plus sévèrement que jamais auparavant; chacun se tint prêt.

En même temps que la garnison accepte la lutte, la population civile laisse le champ libre aux combattants. Elle se retire dans les endroits les moins exposés, abandonnant la plus grande partie de ses biens aux hasards de l'avenir ou plutôt à la presque certitude de la destruction.

Le même jour, le *Siège de Belfort* publie un supplément donnant les précautions à prendre, les mesures à employer en cas d'incendie, etc. D'ailleurs l'éventualité d'un bombardement avait été prévue dès le premier jour de l'investissement, et le 24 novembre on avait achevé de faire les derniers préparatifs en conséquence.

Belfort profitait de l'expérience des villes assiégées avant lui. Ce n'était plus de l'inconnu que renfermait l'avenir. Mais, si l'on savait comment on pourrait atténuer des malheurs imminents, on savait aussi combien grands devaient être ces malheurs.

On savait par de récents exemples que ce n'était pas à une seconde édition d'un blocus de 1813-14 qu'il fallait s'attendre; à un blocus qui se bornerait presque à un investissement pur et simple agrémenté de quelques combats hors ville, et où les assaillants avaient l'habitude surannée de prévenir les habitants du jour et de l'heure de ce qu'on appelait le bombardement [1].

Malgré toutes les sinistres prévisions, la population se promit d'opposer la grande force de l'inertie et de résister comme Strasbourg par la résignation. La résolution ne lui fit pas défaut. D'ailleurs elle avait lu encore, affichée sur les murs de la ville, la magnifique proclamation de M. Grosjean, préfet nommé par le gouvernement de la défense nationale, qui était venu s'enfermer à Belfort, après avoir été obligé, à l'approche de l'ennemi, de quitter la préfecture de Colmar, dans laquelle il se trouvait encore à leur entrée dans la ville. — La voici:

RÉPUBLIQUE FRANÇAISE.

Liberté, Égalité, Fraternité.

—

AUX HABITANTS DE BELFORT:

Citoyens,

L'heure du péril est venue et avec elle l'heure des dévouements.

Je connais trop votre patriotisme pour avoir besoin de lui

---

1. Aux moments indiqués la population civile déménageait dans les casemates et y restait tant qu'au dehors on échangeait des boulets; et par suite de ce *bombardement* une seule maison de la ville fut endommagée sérieusement.

faire un suprême appel. La population civile et la population militaire, unies par les liens d'une entière et légitime confiance, seront dignes l'une de l'autre dans la lutte qu'elles seront appelées à soutenir.

L'histoire dira un jour que les lâchetés et les trahisons de Sedan et de Metz ont été rachetées par le courage de Belfort; elle dira qu'il ne s'y est rencontré ni un soldat ni un habitant pour trouver, au jour du danger, les sacrifices trop grands ou la résistance trop longue; elle dira, enfin, que tous, sans hésitation et sans défaillance, nous avons serré nos rangs au pied de votre château; c'est pour nous aujourd'hui plus qu'une forteresse, c'est la France et l'Alsace, c'est deux fois la Patrie.

Citoyens, que chacun de nous remplisse son devoir, à ce cri, qui était autrefois un gage de la victoire et qui la ramènera sous nos drapeaux :

« Vive la République ! »

Belfort, le 3 décembre 1870.

Le Préfet du Haut-Rhin,

J. GROSJEAN.

On entrait dans une vie nouvelle. Une animation extraordinaire régnait dans toutes les maisons, et dans les rues on voyait circuler quelques habitants achevant à la hâte de faire leurs provisions ; tandis que les trottoirs s'encombraient du fumier et de la terre que l'on accumulait près des soupiraux, et desquels sortait un tuyau de poêle dont la fumée devait à la longue noircir le mur.

On commença à s'installer, qui dans des caves, qui dans des chambres de rez-de-chaussée ou d'un premier peu exposées. On y avait déjà transporté les objets de valeur. Dans ce changement de domicile, la gaieté ne fit pas défaut. Elle devait disparaître un jour... Mais la nouveauté ne laissait pas voir l'avenir et ses orages.

Après avoir été habitué aux mille petits raffinements que la civilisation a introduits jusque chez le plus pauvre, après avoir toujours joui de ce que la nature donne à tous, c'est-à-dire le grand jour et l'espace libre, on se voyait confiné dans une pièce restreinte, où devaient s'accomplir tous les actes de la vie ; où, à côté du lit, se trouvait le foyer, les provisions de bouche contre des glaces, des meubles près de la table de cuisine, le plus souvent accompagnés d'un chien, d'un chat, d'un oiseau, tout ahuris dans un milieu à l'étrangeté duquel ils ne comprenaient rien. Le tout était éclairé par une bougie ou une lampe. Là on se trouvait réuni à plusieurs amis et connaissances, pour une vie commune, en perpétuel tête-à-tête, car certaines maisons avaient dû être complétement abandonnées, et les habitants s'étaient réfugiés chez de plus favorisés.

Il y avait là certainement quelque chose de bizarre. Les contrastes qu'offrait ce singulier amalgame présentaient de quoi ravir un peintre flamand.

Peu à peu ces contrastes s'effacèrent. Mais les Belfortains parleront longtemps de la jovialité des premiers jours. On se prêtait de bonne grâce aux exigences de la vie nouvelle, et des fous rires en saluèrent souvent les divers incidents.

Cependant le bombardement continuait. Le 5, on remarqua des obus forcés. Ils se distinguaient par le manchon de plomb qui les recouvrait, et qui, tordu et enlevé par suite de l'explosion, laissait voir sur la fonte des anneaux circulaires en relief.

Le tir ennemi s'acharna presque exclusivement

sur Bellevue et les Barres, sans préjudice du château ; les Basses-Perches reçurent également d'assez nombreux projectiles.

En ville, les toitures furent seules sérieusement endommagées. Mais, le 6, on signala plusieurs commencements d'incendie aux faubourgs. Le magasin aux fourrages du quartier de l'Espérance fut brûlé entièrement. Heureusement il est vide, disait-on. Quelques heures après d'autres obus réduisirent en cendres les meules de foin et de paille qui se trouvaient sur les terrains du génie, à droite de la route de Pérouse.

Il devint bientôt évident que le temps des feintes était passé ; Belfort n'osa plus compter que sur sa propre résistance et sur l'aide de la France.

Aussi les regards se portèrent-ils au dehors.

PAS DE NOUVELLES ! — LES COUREURS.

La veille du bombardement nous avions reçu quelques nouvelles. On parlait beaucoup des engagements de Riccioti Garibaldi à Châtillon. On afficha une proclamation où, à propos des combats sous Paris de fin novembre, — la bataille de Paris ! — on nous faisait prévoir que Paris, d'assiégé devenait assaillant. D'excellents renseignements sur Kératry et Fiéreck, rapportant des succès par eux remportés sur le duc de Mecklembourg et le général von der Thann, furent également publiés.

Toutes ces nouvelles produisirent un grand enthousiasme. On trouvait même une confirmation de leur valeur dans la retraite que les Prussiens semblaient exécuter autour de nous. Les obus ne tardèrent pas à se mettre, par leur venue, en contradiction avec ces bruits de départ. Mais on ne voulut pas y voir un démenti de l'opinion que l'on avait choyée. On préféra s'imaginer qu'ils manifestaient la rage d'un adversaire aux abois qui se hâtait de se venger de son impuissance.

Au mois de décembre, les nouvelles devinrent plus rares; l'ennemi s'était rapproché et renforcé. Tresckow, à la veille du bombardement, entendait ne pas couper seulement les vivres et les munitions, mais aussi entreprendre un blocus moral. Satellite de Moltke, il songeait sans doute à rivaliser de métaphysique avec lui et à préparer le *moment psychologique* de mettre les pièces en batterie.

Les dépêches devinrent rares et vieilles en date. A vrai dire, on n'en reçut qu'une d'importante: c'était celle qui annonçait la fameuse sortie du 2 décembre à Paris, du moins celle qui en annonçait le commencement et dont l'issue apparaissait dorée du serment à l'antique de M. Ducrot. Mort ou victorieux! répétions-nous avec admiration. Nous nous plaisions naturellement à nous attendre à la dernière de ces alternatives; et, sous ce rapport, nous étions sans doute en parfaite communauté d'idées avec le général. Même nous étions assez naïfs pour ne pas douter de la réalisation de l'une ou de l'autre; et, sous ce rapport, notre sentiment était commun avec celui de ce grand homme aux généreuses illusions que l'on nomme Gambetta. Nous avions lu un lambeau de son discours à Tours. Il ne pouvait que nous confirmer dans notre trop facile confiance. En même temps, les journaux

publiaient un extrait d'un ordre du jour d'Aurelle
de Paladine ; il en résultait qu'une jonction allait
se faire entre l'armée de la Loire et l'armée de Paris.

Survinrent des dépêches allemandes qui étaient
loin de concorder avec les on-dit antérieurs. Un
numéro du *Journal de Genève* annonça la perte d'Orléans. Mais pouvions-nous croire aux bruits que
faisait courir l'ennemi, et à un journal qui fut, par
son langage, un *Times* suisse ?

Après, silence absolu ; pas de nouvelles, malgré
les efforts tentés pour en avoir.

Durant le bombardement on vit, à diverses reprises,
aller d'un point à un autre de la ville, et même des
forts, des hommes dont l'allure précautionneuse
semblait due autant à une habitude invétérée qu'au
danger qu'il y avait à circuler. On les appelait
Coureurs. C'étaient des hommes qui avaient accepté
la lucrative et périlleuse tâche de porter des
lettres et des dépêches au dehors, et d'en rapporter
réponses et journaux. Connaissant parfaitement les
environs, — douaniers, braconniers ou contreban-
diers, — ils mettaient au service des assiégés leurs
connaissances, leur audace et leur flair.

Il en est plus d'un qui paya cher sa témérité ; car
les Prussiens faisaient bonne garde, et malheur à
qui tombait entre leurs mains sans s'être débarrassé
de tout fardeau compromettant ! Il en est plus d'un
qui ne dut son salut qu'à l'agilité de ses jambes et
au sang-froid qui lui permettait de reconnaître les
inextricables sentiers et les impénétrables fourrés
où il pouvait dérouter les recherches des sentinelles et échapper à leurs balles.

La vigilance des assiégeants fut telle que, pendant près de trois semaines, les coureurs, — et pourtant des sommes importantes avaient été promises par le gouverneur, le préfet et la rédaction du *Siège de Belfort,* — ne réussirent pas à franchir au retour les lignes ennemies. On raconta même que des chiens, dressés pour dépister les passants et poursuivre les fuyards, étaient devenus les terribles auxiliaires des sentinelles.

On fit alors la réflexion qu'il aurait été bien plus commode de diviser, pour ainsi dire, le service des dépêches, — en faisant correspondre des hommes sûrs des villages occupés par les troupes amies, d'une part avec Belfort, d'autre part avec des hommes sûrs des villages traversés par la ligne d'investissement. Ces seconds facteurs auraient pu assez facilement communiquer avec le reste du Haut-Rhin et avec la Suisse, et *vice versa.*

LES FORTS ET LES TRANCHÉES.

Les trois premières semaines de décembre, les efforts des assiégeants furent principalement dirigés sur les Barres et Bellevue. Ces deux forts recevaient une quantité énorme de projectiles par jour. Je me rappelle qu'un officier des Barres a grandement stupéfait des dames de Belfort en leur disant : « La journée a été assez tranquille; nous n'avons reçu dans notre fort guère plus de deux cents projectiles. » Des embrasures y furent endommagées, des roues d'affût furent brisées. Tout cela était réparable et fut réparé.

Le château paraissait également être un des points de mire ordinaires. La ville même ne fut pas épargnée.

Dans les journées du 20 et du 21, remarquables par la bénignité du tir ennemi, les habitants des caves qui s'aventurèrent au dehors eurent un singulier coup d'œil : l'énorme masse de roc qui forme la base du château était mouchetée par une quantité incroyable de points blanchâtres; frappé par un obus, le roc laissait sauter une écaille et restait dénudé en cet endroit. Les rues étaient jonchées de débris de tuiles et de décombres de toute sorte. Les toits s'affaissaient en des masses irrégulières, et par les temps de dégel faisaient pleuvoir les tuiles, qui n'étaient plus guère retenues que par la neige et la glace où elles s'incrustaient. Il est des maisons dont des coins entiers étaient enlevés. Il en est d'autres qui rappelaient de véritables carcasses, abîmées qu'elles étaient à la fois par le fer et par le feu. L'église était criblée par les projectiles; l'horloge n'avait pas tardé à être brisée, et certaines colonnes de la façade étaient complétement coupées. Aujourd'hui encore, les curieux qui viennent visiter Belfort et ses ruines s'arrêtent à la vue d'un poteau de bois interposé entre un piédestal et une corniche, qui fait saillir, du fond rougeâtre des pierres de taille, la colonne mutilée. On dirait une jambe de bois.

Il était difficile à ce moment de se rendre compte de la pensée de l'assiégeant. Au dire des gens du métier, il allait à l'encontre de toutes les prévisions. Mais on reconnaissait également qu'il attaquait Belfort par le côté où le château était le moins garni de canons. Seulement il fut facile de remédier à cette défectuosité. On retourna un certain nombre de pièces et l'on tira par-dessus la caserne. Il n'y avait plus de côté faible. Les batteries ainsi disposées présentaient même l'avantage d'être très-bien masquées.

On fit une autre observation. En attaquant principalement Bellevue et les Barres, les Prussiens ne se faisaient-ils pas illusion sur leur force réelle? Ces deux ouvrages étaient de construction récente, et ce n'est que peu de semaines avant l'investissement qu'on transporta aux Barres des canons en nombre suffisant.

D'ailleurs, en s'acharnant à cette attaque partielle, même après y avoir éprouvé une résistance inattendue, ne comptaient-ils pas sur un effet moral en exaspérant la garnison de ces forts?

On remarqua encore, au moins les premiers jours, que le tir épargnait la ville. Cependant, le 6, arrivèrent jusqu'au cœur de la ville même des fusées incendiaires et des obus à balles ; et, le 8, l'église parut être devenue un des points de mire des assiégeants. Savaient-ils qu'elle contenait des sacs de farine? Il est permis de le croire.

Quoi qu'il en soit, de nombreux projectiles ne tardèrent pas à tomber en ville. Des faubourgs, je n'en parle pas. Rapprochés des forts, ils devaient nécessairement beaucoup souffrir. Un côté du faubourg de France, situé dans la ligne de tir, sur le flanc gauche des Barres, fut particulièrement éprouvé.

Les hôpitaux et ambulances n'étaient guère ménagés. Il est à observer, toutefois, que ces bâtiments ne se trouvaient nulle part loin des forts ou de la direction d'attaque de ces forts. A côté de l'hôpital militaire étaient placées deux pièces d'artillerie, et passait la tranchée défendant les faubourgs. De plus, il était situé dans la direction des pièces blindées du château. L'hôtel de ville, où était établie une ambulance, est près de l'arsenal; le collége se trouve au pied du château, etc., etc.

Est-ce à dire, pour cela, que généralement les projectiles ennemis ne sont tombés sur les bâtiments civils et hospitaliers que par suite d'erreur ou de maladresse? J'ai entendu des officiers d'artillerie français soutenir ce paradoxe, accusant ceux qui se plaignaient d'exalter trop haut le mérite des pointeurs allemands et l'excellence de construction de leurs Krupp [1].

Il est certainement incontestable que, dans les pièces se chargeant par la bouche, une différence imperceptible dans les mesures du pointage produit, par rapport au but visé, des écarts phénoménaux. Cependant pour le vulgaire, — et, artilleur improvisé, je ne pouvais être rangé que dans cette catégorie, — le raisonnement est loin d'être concluant.

La perfection des nouveaux engins de guerre est un fait acquis, et les erreurs, si erreur il y avait, étaient bien fréquentes! Le 18 novembre, six incendies se déclarèrent. D'ailleurs ce qu'on sait des

---

1. On lit dans une brochure de M. L. de Perrot, lieutenant-colonel d'artillerie suisse (TROIS SEMAINES A PARIS, METZ ET BELFORT, *au point de vue militaire*) : « Une place de guerre quelconque, munie de forts détachés, devra toujours s'attendre à souffrir d'un siége, même sans bombardement, car, avec les portées de l'artillerie, le projectile qui dépasse son but atteint la ville. Belfort en est la preuve. »

autres us et coutumes des Prussiens permet de
penser qu'ils ne s'embarrassaient pas au pointage
d'une exactitude bien scrupuleuse ; que les écarts
des projectiles ne les chagrinaient pas fort, et
même que, par des erreurs volontaires, ils se donnaient sournoisement le plaisir de tirer dans le
tas. C'est si commode, et cela réussit toujours.

Il n'en est pas moins vrai que des 410,000 projectiles de toutes sortes que reçut Belfort, l'immense
majorité tomba sur les fortifications.

Au point de vue stratégique, il sautait aux yeux
que l'ennemi entreprenait un petit siége en règle
de Bellevue d'abord, et aussi des Barres. Il travail-
lait activement aux tranchées et canonnait sans
relâche ces deux forts. Une fois même (9 décembre)
son ardeur lui fit pousser une reconnaissance vers
Bellevue. Mais il ne put se dépêtrer qu'avec de
grandes pertes du réseau de fils de fer qui entou-
rait cet ouvrage. Le souvenir de ce traquenard le
remplit de terreur, à en juger par l'impression
encore vivace que nous pûmes constater en traver-
sant les lignes, à notre départ de Belfort.

Si l'assiégeant s'aventurait jusque vers un fort,
l'assiégé venait lui rendre la visite jusque dans ses
tranchées. Le 20, les commandants des Barres et de
Bellevue firent faire de concert une reconnaissance
en avant de ce dernier ouvrage. Surpris, les ennemis sortirent de leurs retranchements et furent
abîmés par l'artillerie de la place.

Ces expéditions étaient périlleuses, mais elles
étaient utiles. Le 10, le capitaine Thiers, l'énergique commandant de Bellevue, fit traduire devant

le conseil de guerre les éclaireurs du 57ᵉ de marche
en la personne de deux de leurs officiers. Ils étaient
accusés d'avoir refusé d'obéir lorsqu'ils étaient com-
mandés pour aller à l'ennemi[1].

Tout en s'acharnant spécialement contre Bellevue, les assaillants ne négligeaient pas des opérations plus générales.

L'attaque de la ferme de Froideval (6 décembre)
montre que les Basses-Perches leur tenaient aussi
à cœur. Le bombardement de Danjoutin, plus ou
moins intense du 10 au 20, la prise de la forêt de
Bavilliers, l'établissement de batteries à Andelnans
mesuraient l'intensité de leur attaque sur ces trois
points. Le 15, les premières *bombes* tombèrent sur
Bellevue et les Barres, et depuis lors les jours s'y
suivirent et s'y ressemblèrent.

Le 14, dans l'après-midi, on battit la générale.
Le feu avait pris au pavillon où se trouvaient les
bestiaux, et le bruit courait que Danjoutin était
attaqué. Appuyés sur nos fusils, nous nous atten-
dions, nous autres jeunes soldats, à une grande
attaque. Le temps était brumeux. On ne voyait rien
de particulier aux alentours de la place, mais on

1. Le conseil de guerre du 19 fit partager la responsabilité par
la compagnie entière, qui fut en conséquence dissoute, il destitua le
capitaine et acquitta le lieutenant. — Une mesure énergique avait
été prise antérieurement déjà pour une raison analogue : la dissolution du 2ᵉ bataillon de la Haute-Saône et la répartition de son
contingent dans divers bataillons du Rhône, etc. Mais on put
constater, par la conduite postérieure des mobiles de la Haute-
Saône, que cette flétrissure collective ne devait guère rester que
sur les chefs.

ntendait de fréquents coups de fusil du côté de la
orêt de Bavilliers.

Le 13, la garnison de Danjoutin s'en était em-
parée. Attaquée par de grandes forces, elle céda au
nombre. Le bois de Bosmont et la ferme de Froi-
leval furent abandonnés.

La prise de la forêt de Bavilliers avait produit un
excellent effet sur les esprits [1]. Les complications
qui s'ensuivirent excitèrent une anxiété que la
prise d'armes augmenta outre mesure. Les on-dit
ne manquèrent pas de circuler tout le jour. Le soir
tout rentra dans le calme. On apprit que les bois
étaient de nouveau perdus ; la poignée d'hommes
qui s'y trouvait avait été cernée, mais le 84e avait
eu une occasion de plus de se distinguer.

Le 20 et le 21, le feu ennemi se ralentit notable-
ment. Nous verrons la cause et les conséquences
de ce fait insolite.

LA VIE DES CAVES. — LES INCENDIES ET LES POMPIERS.

Les événements marchèrent vite à partir du
commencement du bombardement. Bien des ruines
furent faites en peu de temps, et à la fin de décembre
tout présageait qu'il devait s'en faire encore.

---

1. Avec quelle joie on lut le numéro du 13 du *Siége de Belfort,*
annonçant « le succès le plus complet d'une sortie de quelques-
unes de nos troupes sur Danjoutin et Bavilliers. Nous avons repoussé
l'ennemi des bois de Bavilliers, ajoutait-il, fait des prisonniers,
pris des armes et comblé les travaux commencés pour le placement
de nouvelles batteries prussiennes. »

Pour la plupart des femmes qui restaient en quelque sorte continuellement claquemurées dans leurs retraites, ces souvenirs sont vagues et confus, car les impressions du moment s'accumulaient au sein de la torpeur causée par un genre de vie débilitant et des chagrins concentrés.

Entre le jour et la nuit il n'y avait plus de différence. On n'y entendait plus ce bourdonnement permanent qui indique les agitations d'une ville active. Un silence de mort régnait au loin, interrompu seulement par le vacarme des obus et le roulement d'une voiture de parc sur le pavé.

On se lassait peu à peu de voir continuellement les mêmes figures et les mêmes objets, dont le curieux assemblage, vu en plein midi, avec une lumière artificielle, et au milieu de circonstances si insolites, avait provoqué l'hilarité des premiers jours.

La vie exceptionnellement casanière, les ennuis d'une oisiveté forcée, l'épuisement de l'esprit en conjectures, la flamme qui éclairait devenue presque insupportable, et surtout les terribles émotions de chaque jour, faisaient peser l'oppression sourde et générale des cauchemars.

C'était le départ, pour son poste, du mari garde sédentaire, joint au souvenir du fils parti pour la guerre, qui mettait toute la famille dans l'inquiétude. C'était la pensée d'une femme réfugiée en Suisse qui faisait entrer une douleur poignante dans le cœur du mari resté à Belfort, contre-coup des émotions pénibles dans lesquelles l'incertitude devait la plonger. Ce fut plus d'une fois l'annonce d'un terrible malheur arrivé à un parent ou à un ami, ou la présence d'un malade atteint de la petite vérole ou de la fièvre typhoïde, et ne pouvant se faire soigner autre part que dans l'atmosphère malsaine de la cave, qui parfois lui coûtait la vie. C'était aussi l'arrivée d'un obus qui éclatait aux abords de la maison, et souvent ravageait la maison elle-même.

Et alors, malheur à ceux qui n'avaient pas eu de cave où se réfugier et qui avaient dû se contenter d'une chambre insuffisamment blindée avec des matelas! Des malheureux furent frappés jusque dans leur lit.

Il arriva que la cave fut elle-même visitée par des projectiles. Tout le monde se rappelle la mort de la domestique de Mme Munschina. L'obus pénétra par la partie de la cave au-dessus de laquelle se trouvait l'escalier, et qui seule n'était pas voûtée. L'imprudente, qui avait eu la malencontreuse idée de s'obstiner à établir sa cuisine en cet endroit, mourut par suite d'affreuses blessures.

Ce n'était donc pas seulement aux choses, mais aussi aux personnes que s'attaquaient les projectiles jusque dans les habitations civiles.

Mais, lors même que l'on était en sûreté dans une cave bien voûtée, quand chaque jour amenait un nouvel obus dans la maison, et qu'on entendait au-dessus de sa tête de terribles dégringolades, puis qu'en allant, par un escalier chancelant, jeter un coup d'œil furtif dans les étages supérieurs, on apercevait des plafonds effondrés, les meubles brisés, les portes disparues, les murs troués... alors le cœur se serrait, un nuage passait devant les yeux, et on se demandait avec angoisse si réellement la défense n'avait pu mieux faire, si elle ne pouvait pas empêcher l'ennemi d'établir ses batteries si près de la ville, si à cette heure-là on ne pouvait pas le déloger de ses positions...

On n'était pas arrivé encore à ce degré de résignation qui est l'insensibilité. On comprendra du reste que, quelque déterminé qu'on soit à faire les plus grands sacrifices, la vue des ruines amoncelées, lorsque ces ruines représentent ce qui reste de vos biens, fait poser bien des interrogations. Néanmoins, la question de la défense écartée, on réprimait vaillamment le premier sentiment de récrimination et de regret.

Mais que devait être ce premier sentiment, lorsque des ruines et des débris il ne restait plus rien que des pierres calcinées et des cendres !

Le spectacle d'un incendie est magnifique, même dans les conditions ordinaires. Cette fois il était rehaussé par les effets féeriques des projectiles qui y tombaient comme autant d'étoiles filantes, par le bruit non interrompu de la canonnade qui en formait comme le cadre, et par les efforts énergiques de courageux citoyens, toutes choses qui rappelaient un incendie de navire au milieu d'une tempête. Mais autant ce spectacle était splendide pour qui n'y voyait qu'un spectacle, autant il était affreux pour celui qui y voyait la destruction de sa propriété, et souvent se disait avec découragement que jamais il ne pourrait remplacer ce qu'il venait de perdre.

Heureusement les malheurs de ce genre furent

relativement peu fréquents[1]. Un service admirable de guetteurs était dirigé par M. Léon Stehelin, avocat à Colmar, et les pompiers rivalisaient de zèle et de hardiesse. Chaque fois qu'un obus était entré dans une maison, le poste le plus voisin y pénétrait. Grâce à ces secours prompts et intelligents, le feu était presque toujours éteint à son début. Et lorsqu'il s'était développé, apparaissait des premiers sur le lieu du sinistre le maire, M. Mény, avec l'imperturbable sang-froid que tous lui reconnaissaient avec admiration. Quiconque l'a vu à un de ces moments-là aura toujours gravées dans la mémoire sa figure impassible et sa taille haute et droite, drapé dans un grand manteau que trouèrent un jour des éclats d'obus.

M. Grosjean, toujours en quête d'œuvres de justice, écrivit à ce sujet la lettre suivante :

Belfort, le 12 décembre 1870.

Monsieur le Maire,

Depuis le commencement du bombardement les pompiers de Belfort n'ont pas cessé de faire en ville et aux faubourgs leur service pénible et dangereux, avec un courage que je constate chaque jour et que je me ferai un devoir de signaler au gouvernement, à la première occasion. Pendant que ces hommes se donnent tout entiers à la sauvegarde de la cité et concourent directement de la sorte à la défense de la place, il est équitable que l'État vienne en aide aux familles des pompiers les moins favorisés par la fortune.

Je suis certain d'entrer dans les vues du gouvernement républicain en vous offrant sur les fonds de l'État un crédit

---

1. Il n'y eut qu'une quarantaine de maisons complétement brûlées.

de 500 francs que vous répartirez entre les familles de pompiers qui ont le plus besoin d'aide et de secours.

Vous êtes bon juge, monsieur le Maire, en fait de courage; vous nous en fournissez tous les jours la preuve, et, dans la répartition que vous en ferez, vous saurez apprécier exactement les mérites et les situations.

Veuillez agréer, etc.

Le Préfet du Haut-Rhin,

J. GROSJEAN[1].

C'est le plus souvent la nuit que des incendies se produisaient. Parfois d'autres événements mettaient de l'agitation jusque dans les caves. On se réveillait en sursaut au son du tambour battant le rappel; les plus hardis se levaient et allaient aux informations; les autres prêtaient l'oreille au bruit toujours croissant de soldats et de voitures faisant résonner le pavé et trembler le sol. Les nouvelles les plus contradictoires ne tardaient pas à arriver : les Prussiens tentent une attaque sur toute la ligne, ou bien ils veulent enlever une de nos positions, etc., etc. Quelquefois la canonnade semblait redoubler, un bruit de fusillade s'y ajoutait. Le plus souvent l'alerte se restreignait à une escarmouche d'avant-poste.

LA TENTATIVE DES SUISSES.

La Suisse, qui, dans cette guerre, plaida toujours la cause de l'humanité, et qui avait préludé à cette noble mission en prenant l'initiative de la conven-

---

1. M. Grosjean ne se contenta pas de cette mesure générale. A diverses reprises il alloua, dans la suite, des récompenses spéciales à des pompiers qui méritaient cette faveur.

tion de Genève, ne pouvait rester insensible aux souffrances de la population belfortaine. Le conseil fédéral fit comme pour Strasbourg : il envoya une délégation pour lui procurer l'aide et le secours que pouvaient permettre les circonstances, en sollicitant la sortie des personnes hors d'état de se défendre, et en leur offrant l'hospitalité sur le territoire neutre de leur patrie.

La lettre des Suisses parvint au commandant supérieur par l'entremise du général de Tresckow. Certes ce n'est pas M. Denfert qui songeait à se refuser à leur demande. Communication en fut donnée aux autorités civiles, et la bonne nouvelle se répandit dans toute la ville; en moins d'une demi-journée neuf cents noms furent inscrits sur la liste.

Quoique édifié sur les Prussiens et leurs généraux, on se fondait sur un antécédent pour se flatter, en cette circonstance particulière, de l'espoir qu'aucun empêchement n'y serait mis de leur part. Ils devaient parfaitement savoir que la famine n'était pas près de sévir, que par conséquent ils n'avaient pas à craindre un départ de bouches inutiles, et que d'ailleurs ils ne pouvaient pas sérieusement compter sur une pression morale de la population pour entraver la défense. La cité attendait son salut de la levée du siége par l'ennemi et non d'une capitulation, et M. Denfert n'aurait pas été l'homme à se laisser émouvoir par des récriminations et des plaintes, si elles avaient été faites.

En cas de refus, l'ennemi commettrait donc une cruauté inutile. Il la commit.

Pendant plusieurs jours on attendit impatiemment l'heure du départ. Elle ne vint pas ; il fallut déboucler ses malles. On savait que le gouverneur avait envoyé sa réponse aux délégués et en avait communiqué une copie au général allemand. Aucun parlementaire ne vint continuer la correspondance.

L'esprit se perdait en conjectures. On était non pas dans l'indécision, mais dans le silence. L'opinion qui eut cours fut que Tresckow avait repoussé par un refus brutal une demande analogue à celle qu'accorda Wœrder, dont les canons n'avaient pas épargné la cathédrale de Strasbourg.

C'était à peu près la vérité. Seulement la cause n'en est pas à une cruauté systématique, mais à un accès de maussaderie provoqué par le froissement de mesquines prétentions.

Il paraît que le colonel Denfert s'était un peu hâté ; qu'il avait conclu des arrangements quand le général de Tresckow ne songeait qu'à entamer des négociations. En même temps qu'il remerciait les délégués suisses de leur charitable démarche, — tout en accédant pleinement à leur offre, — il ne perdait pas de vue les intérêts de la défense ; il indiquait certaines conditions dans lesquelles devait être exécuté le départ projeté. Plus tard on apprit indirectement que l'Allemand s'était trouvé blessé par des procédés qui portaient atteinte à l'arbitraire plein et entier avec lequel il entendait régler toutes les dispositions.

Et ainsi la tentative généreuse du peuple libre échoua contre l'arrogance absolutiste d'un homme élevé à l'école du despotisme.

LA NOËL DES ASSIÉGÉS.

Quand vint Noël, on était sous le coup de multiples émotions que les souvenirs éveillés par la date ravivèrent encore. L'absence de nouvelles du dehors subsistait toujours. L'esprit étouffait dans le vide de ce silence en même temps qu'il attendait fiévreusement l'issue de la démarche des Suisses.

Un calme relatif dans les hostilités, qui signala les journées du 20 et du 21 décembre, ajouta un nouveau sujet de préoccupations. Ces jours-là on s'aperçut également que l'ennemi ne lançait plus guère que des projectiles de petit calibre. Il se passait donc quelque chose d'extraordinaire. Les Prussiens songeaient-ils à lever le siége, puisque les grosses pièces se taisaient? ou bien ces allures insolites n'étaient-elles qu'un leurre?

Ce dernier sentiment prévalait, et le commandant supérieur crut devoir donner l'éveil. Un ordre de la place (20 décembre) fit prévoir la probabilité d'une grande attaque de vive force. Il se fondait sur l'hypothèse qu'à l'occasion de la fête de Noël, — grande fête de famille en cette Allemagne où le sentiment de la famille est une religion, — le roi Guillaume sentirait le besoin de détourner les regards de ses féaux sujets des places vides au foyer domestique, en frappant les esprits par l'annonce d'un brillant succès.

Il n'en fut rien. La fin de l'année et du second mois du siége emporta le jour et la nuit de Noël, comme tous ceux qui s'écoulèrent dans l'atmosphère pesante d'un ciel gris et avec les effluves d'atone mélancolie qui imprégnaient les cerveaux.

Rien à Belfort ne distingua le temps de Noël des autres époques du bombardement, si ce n'est le contraste plus saillant que jamais entre les souvenirs d'antan et les conjonctures présentes.

En ce jour, dont le nom symbolise la paix et la conciliation, en cette fête aux douces et intimes émotions, on entendit les bruits de la lutte dominant toutes les agitations, et tous les mouvements de l'âme s'absorbèrent en l'amour de cette pauvre patrie dont on défendait une parcelle, et en songes pleins de tristesse émanés du tumultueux chaos des idées et des sentiments.

Il n'y eut ni solennités religieuses ni solennités domestiques; rien de cette poésie de l'enfance qui séduit encore la vieillesse; rien de ce charme mystique qu'épandent les pompes de l'église. Il n'y eut ni arbre de Noël ni messe de minuit. A peine si quelques fidèles de la vie de garçon ébauchèrent un *réveillon*.

Oh! qu'ils souffrirent, en ces longues heures remplies par des ressouvenances que rappelait la disparition même de leur objet et par les interrogations sans réponse posées au sujet des absents; qu'ils souffrirent ceux qui passèrent ce jour, d'ordinaire si gai, malgré les ennuis de l'hiver, sans famille et sans nouvelles; ceux qui ne purent goûter les joies que faisaient rayonner les baisers et les sourires d'un enfant; ceux, enfin, qui cueillirent sur le visage souffrant de malades chéris des angoisses inexprimables!

Douloureux sarcasme du hasard! les cloches de l'église tintèrent ce soir-là, frappées par des obus.

Je ne sais rien de plus mélancolique qu'un tel son dans une ville bombardée. Plus d'une fois il se produisit à Belfort. Mais, la nuit de Noël, il fit naître dans le cœur de ceux qui l'entendirent une émotion que nulle parole humaine ne saurait rendre.

Au point de vue de l'attaque, aucun incident remarquable ne vint, comme on le présumait, signaler Noël, sinon la reprise du tir ordinaire le 24. Mais le 26 une nouvelle batterie tira sur les Perches, ce qui expliquait le temps d'arrêt du 20 et du 21.

LES FAUX BRUITS ET LES BALLONS.

Le manque de nouvelles le plus absolu, qui, à partir du 10 décembre, s'ajouta aux souffrances du siége, dura tout le mois. Il ne devait cesser que le 4 janvier.

En vain on cherchait à se rassurer; le silence inquiétait. En vain on s'efforçait de faire comme les gens peureux qui crient pour s'encourager à traverser l'obscurité. En vain on se mettait sous l'influence de la mise à exécution — dont on n'osait douter — du serment de M. Ducrot, et sous celle de l'ignorance même dans laquelle nous étions plongés; — toutes choses qui concordaient avec l'idée préconçue d'approvisionnements tirant à leur fin et nécessitant par le fait un effort suprême des Parisiens. En vain l'esprit essayait de chasser les idées noires qui l'assaillaient comme des cauchemars, fruits d'une imagination pessimiste. On souffrait. Hélas! un jour devait venir où l'ennemi s'empresserait de laisser et même de faire parvenir des nouvelles.

L'esprit, mis à la torture, laissa libre cours à l'imagination ; et les plus incompréhensibles rumeurs de circuler. Tel fut le bruit de l'arrivée d'une armée de secours, bruit qui peut du reste être considéré comme une phase en quelque sorte fatale de l'opinion de toute ville assiégée.

Notons que, dans la nuit du 11 au 12, les grand'-gardes entendirent du côté d'Essert de la musique, qui célébrait, comme on l'apprit plus tard, l'anniversaire de la naissance de je ne sais quel roi d'outre-Rhin, et la proclamation du roi de Prusse empereur d'Allemagne. Ces détails, — car la prussification de l'Allemagne était un fait accompli avant la constatation officielle, et des réjouissances au sujet de deux souverains sont choses futiles pour une nation constituée en république, — ne furent pas connus de tous. Connus, ils n'auraient pu qu'exciter une commisération générale pour des gens qui venaient de se gratifier d'un empereur, après nous avoir délivrés du nôtre. Le peu d'empressement que mettait la France à le réclamer aurait dû pourtant leur dessiller les yeux.

Coïncidence singulière! A la même époque où l'on songeait à un mouvement extraordinaire, un paysan franc-comtois, venu à Belfort pour voir son fils, parlait de la reprise d'Orléans et du déblocus de Paris comme de faits certains.

On savait de qui venaient ces dires, mais l'on était tellement fait au malheur que l'on n'y ajouta pas foi. Un autre bruit se répandit sans qu'on sût quelle bouche l'avait mis en circulation, et on l'admit.

Dans le Haut-Rhin, une vaste insurrection de la

population mettrait les Prussiens sur les dents; les
ouvriers de Colmar, Mulhouse, Guebwiller..., de
concert avec les paysans des environs, se seraient
soulevés et auraient désorganisé la domination des
envahisseurs, etc., etc.

Ne pouvant recevoir de nouvelles du dehors, pouvant difficilement en envoyer, l'autorité militaire
résolut d'essayer le moyen employé à Paris, le ballon
aérostatique.

L'offre gracieuse du colonel Denfert permit de
confier à cet intermédiaire original les lettres du
nouvel an. Naturellement elles étaient de volume
restreint et ne devaient contenir aucune indication
compromettante.

Par malheur, si ces lettres partirent, elles n'arrivèrent pas, du moins en grande partie. Le 25, on
lâcha un ballon libre qui les contenait toutes; il
tomba au Fourneau. On fit un second essai; le
ballon fit quelques pas de plus; il tomba aux Perches.
C'était un progrès. On estima que les progrès dont
sa marche était susceptible avaient atteint leur
maximum, et l'on divisa la charge. Deux ballons
partirent donc. L'un tomba dans la forêt de Bavilliers, entre les mains des Prussiens, qui purent
se donner le plaisir d'épeler et d'éplucher des
phrases parfaitement insignifiantes; l'autre arriva
à la frontière suisse [1].

1. Le *Jura* du 7 janvier qui parvint à Belfort contenait l'entre-
filet suivant : « Un ballon venant de Belfort est tombé probablement dans le département du Doubs, car plusieurs lettres sont
arrivées ce matin à Porrentruy par la voie de Saignelégier. »

LA QUESTION DES VIVRES.

Dès la fin de décembre, les projectiles étaient en maint endroit tombés en telle quantité qu'on renonçait à les compter. Les dommages, qui les premiers temps n'étaient partout que partiels, commençaient à devenir si énormes qu'il paraissait presque impossible d'arriver à augmenter les dégâts. Plusieurs incendies s'étaient déclarés, et bien des maisons étaient devenues inhabitables. Quand vint janvier, la situation ne fit qu'empirer. La plupart des habitants qui avaient été jusque-là dans une demi-sécurité, dans quelque réduit de leur demeure, ne purent plus y rester. Alors furent plus nombreux que jamais les malheureux sans asile, qui se réfugièrent dans les cryptes de l'église et les caves de l'hôtel de ville. Dans ces sombres et immenses allées souterraines étaient entassées pêle-mêle les familles pauvres. La vie et la mort s'y côtoyaient. Les cris des nouveau-nés répondaient aux gémissements des malades et rompaient le silence des vieillards.

La misère fut grande en ce moment.

Et pourtant des mesures préventives avaient été prises, comme le prouve le document suivant :

Vu l'avis émis, le 22 novembre 1870, par le conseil d'approvisionnement, que toutes les provisions des marchands de Belfort fussent réservées à la population civile,

Arrête :

Tous les négociants, traiteurs, etc., sont autorisés à refuser aux militaires de tout grade de la garnison la vente des denrées alimentaires de première nécessité : sel, pain, viande, légumes secs; à refuser de leur donner pension, à partir du lundi 28 courant.

A partir de demain 27, tous les officiers et fonctionnaires civils assimilés appartenant aux divers services militaires toucheront, dans la proportion fixée aux tarifs pour les places investies et assiégées, les rations qui leur sont attribuées à titre remboursable.

Cet arrêté sera porté par M. le Maire à la connaissance de la population civile, et lu à toutes les troupes de la garnison.

DENFERT.

Rappelons en outre que les gardes nationaux sédentaires avaient droit aux rations militaires, quand ils étaient de service.

On eut à craindre un moment que toutes ces mesures ne fussent insuffisantes.

Les denrées avaient renchéri, mais sans atteindre de valeur phénoménale. Les denrées de première nécessité se maintenaient à un prix abordable à la plupart. Le lait lui-même ne faisait pas défaut[1].

---

1. Les premiers jours de l'investissement, les laitiers des villages qui approvisionnaient Belfort avaient eu la bonne idée de venir s'y installer avec bétail et fourrage. Le litre de lait ne coûta jamais plus de 40 centimes. La viande de bœuf se maintint à 70 centimes le demi-kilog. Ce n'est qu'à l'extrême fin du siége qu'on mangea du cheval. Le mouton et le veau montèrent à 3 francs le demi-kilog. Le sel était assez rare, on vendait six, huit, dix sous une livre d'affreux sel gris, et heureux qui trouvait à en acheter! Le sucre fut longtemps coté 3 francs la livre, de même la demi-douzaine d'œufs. En janvier on ne pouvait plus guère avoir, dans les rares établissements qui restaient ouverts, que de l'eau-de-vie et du café sans sucre. On ne voyait plus ni chocolat ni fromage. — Le combustible pour l'éclairage fit peut-être le plus défaut. L'huile

Mais quelque grandes économies et quelque grands approvisionnements qu'aient faits les habitants, riches et pauvres, — car, par une heureuse coïncidence, Belfort avait été le centre d'un très-grand mouvement militaire, et les fréquents passages de troupes y avaient fait gagner de l'argent, — les provisions tiraient à leur fin, au moins pour les pauvres. Et s'il n'y avait plus de pain sur la planche, il n'y avait non plus guère de monnaie dans la bourse.

Des collectes se firent dans la garnison, et l'on vit le beau spectacle du soldat donnant à son frère l'ouvrier une partie de sa paye.

La lettre suivante, adressée au « siége de Belfort », montre l'origine du mouvement et son premier développement [1].

Monsieur le Rédacteur,

Permettez-moi de compléter l'indiscrétion commise par un de vos derniers numéros du *Siége de Belfort,* au sujet d'une œuvre de bienfaisance à laquelle M. le Préfet du Haut-Rhin a participé. Je le connais assez pour savoir qu'il aime avant

---

devint de plus en plus rare, jusqu'à disparaître des magasins. On fabriqua avec du lard d'immondes chandelles, d'un gris sale, infectant par un simple attouchement. Elles étaient consumées en deux ou trois heures et coûtèrent jusqu'à six sous pièce. Un autre article... de consommation devint excessivement rare, le papier à cigarettes. Quant au tabac, on en eut tout le temps. On suppléa au papier riz avec du papier de soie que les papetiers détournèrent de leur destination ordinaire. Ils en découpèrent des feuilles enlevées des gravures qu'elles garantissaient, et en firent de petits carnets. Ils se débitèrent avec autant de succès que celui d'aucun inventeur breveté; ce n'était pas un succès d'estime.

1. Numéro du 27 décembre.

tout la charité sans éclat et sans publicité, et qu'il tient à ne pas voir attribuer à lui seul l'honneur d'une action dont il n'a fourni que l'idée première. L'ingénieuse combinaison qui devait lui permettre de réserver aux pauvres le superflu des rations militaires a été effacée par la générosité du 4e bataillon de la Haute-Saône ; ce qui ne devait être qu'un échange (contre du tabac) est devenu un don entièrement gratuit; non-seulement le 4e bataillon délivre, sans compensation aujourd'hui, le pain et les vivres qui dépassent ses besoins, mais encore ses officiers, sous-officiers et soldats, et à leur tête le commandant Chabaud, ont renouvelé leur collecte la veille de Noël et fait remettre au Préfet la somme de 500 francs, qui a été distribuée par les soins de M. le Maire aux familles indigentes.

Le bien est contagieux : M. J. Grosjean vient de recevoir une lettre par laquelle les sous-officiers et les brigadiers de la 5e batterie de la garde mobile du Haut-Rhin, placée au fort des Barres, mettent à la disposition de l'assistance publique, pour maintenant et pour l'avenir, le cinquième de leur prêt et deux miches de pain, prélevées à chaque distribution, sur leurs fournitures personnelles.

J'aurais été heureux d'ajouter un élogieux commentaire à ces bonnes et belles choses, si je n'avais craint de le voir rester au-dessous de la généreuse pensée qui les inspire. Je ne sais rien de plus touchant que cette charité faite par la population militaire à la population civile. Les défenseurs de Belfort oublient leurs périls pour songer à nos misères. Ce n'était pas assez de donner, on a donné avec délicatesse. Le jour de Noël arrivait, c'était pour nous tous une fête autrefois; engagés dans la lutte, environnés de dangers, isolés au fort des Barres, bien loin du foyer domestique, les gardes mobiles de la Haute-Saône et du Haut-Rhin ont pensé qu'il y avait encore une famille près d'eux, celle des pauvres, et ils ont voulu leur donner un peu de bonheur.

Veuillez agréer, monsieur le Rédacteur, etc.

LÉON STEHELIN.

Le bien est contagieux, avait dit M. Stéhelin. Le 14 janvier 1871, la 3e batterie d'artillerie du Haut-Rhin donna 325 francs pour les pauvres de la ville. Etc., etc.

Le 3, le maire remercie la garnison de ses dons volontaires aux indigents de la ville. Le gouverneur croit que l'explosion de ces sentiments de solidarité « est le meilleur de tous les présages pour le succès prochain de la défense nationale et pour la constitution définitive de la République. »

Le 17 janvier, la municipalité publia un arrêté qui s'ajouta à la série des excellentes mesures déjà prises et en augmenta l'efficacité. — Le voici :

Le Maire de la ville de Belfort, chevalier de la Légion d'honneur, a l'honneur d'informer les habitants que, sur l'avis de la commission des subsistances, il a mis à la disposition des boulangers la provision de farine de la ville au prix réduit de 53 francs les 100 kilog., mais à la condition de vendre 1 franc 40 le pain de 3 kilog.

Les farines étant de première marque, puisqu'elles proviennent des maisons Page (du Valdoie) et Courvoisier (d'Héricourt), le pain devra être de première qualité.

Il a mis aussi à la disposition des bouchers le troupeau de bétail acheté par la ville. La viande de bœuf devra être vendue, suivant les habitudes ordinaires, au prix de 70 centimes le demi-kilog.

Le Maire,

MÉNY.

Ainsi se rétablit l'équilibre des modestes budgets.

LA QUESTION DU NUMÉRAIRE.

Outre l'entretien des indigents, il y eut en décembre un autre sujet de préoccupation, un autre problème à résoudre par l'administration.

La rareté de l'argent monnayé, et surtout de la monnaie divisionnaire, était extrême.

Quiconque a été au siége de Belfort a gardé le souvenir de la rapidité avec laquelle disparaissait l'argent monnayé, dont une grande quantité était mise en circulation par les troupes. Plus d'un soldat se plaignit plus d'une fois avec amertume de cette espèce d'accaparement, qui produisait une grande gêne dans les transactions les plus usuelles. On eut l'occasion d'accuser une fois de plus l'argent de ne pas être patriote. Au fond, il était assez incompréhensible que les marchands hésitassent à se dessaisir de la monnaie, surtout en faveur de la garnison. Cet argent, dépensé nécessairement à Belfort même, leur serait nécessairement rentré. Que de courses ne fallut-il souvent pas faire pour changer une simple pièce de vingt francs!

D'autre part, la caisse du trésor public avait à subvenir à de nombreuses dépenses qui hâtaient le moment où tout numéraire serait déboursé, ainsi que les billets de banque de moins de mille francs. De ces derniers il restait encore une assez grande quantité. Ceux-ci représentaient une valeur réelle, mais ne pouvaient être changés que par des capitalistes. Un appel leur fut adressé. Mais, disons-le à leur honte, il s'en trouva qui affichèrent des prétentions exorbitantes. On n'aboutit à rien.

La création de bons obsidionaux fut décidée.
D'après les conditions dans lesquelles s'en fit l'émission, c'étaient de véritables coupures de billets de
banque. Il y en avait de cinq, dix, vingt et cinquante francs.

Ces billets rendirent de grands services. Mais,
quoique le cours en fût forcé et qu'on ne conçût
aucun doute sur ces valeurs fiduciaires, la petite
monnaie était difficile à obtenir. On abusa, il est
vrai, du cours forcé pour demander de la monnaie
de cinq et de dix francs comme solde d'une dépense
insignifiante. Il est des marchands qui, par moments,
furent près de se trouver littéralement sans le sou,
c'est-à-dire sans pièces de billon. Aussi plusieurs
cherchèrent-ils à éluder la loi : que de fois, après
une emplette, ne fut-on pas prié poliment de prendre
la queue pour attendre la monnaie; et alors un
grand nombre, peu désireux de guetter leur tour,
allaient chercher fortune ailleurs[1].

A dire vrai, les bons de siége ne firent qu'ajour-
ner la question; ou plutôt, après celle de la pénurie
de la monnaie divisionnaire, vint celle de la pénurie
de tout argent. La caisse se trouva vide.

La vente du tabac produisait quelque recette; on
l'activa. On fit quelques emprunts; mais les taux
devenaient de moins en moins abordables.

Ces expédients étaient insuffisants. Que faire
alors?

Vendre une partie des énormes approvisionne-

---

1. Les derniers jours du siége, des billets de banque de mille
francs furent donnés, en échange de valeurs équivalentes de billets
de siége, à qui en présentait.

ments de l'intendance? On le fit en février. En janvier, la mesure était jugée prématurée.

Vendre du métal de l'arsenal, bronze, fonte,
plomb?... Un ordre de la place avait interdit aux
particuliers de ramasser les éclats des projectiles
ennemis. Ils étaient la propriété de l'État. Mais sur
quel résultat sérieux pouvait-on compter?

On résolut de supprimer, ou plutôt de remettre
à plus tard la paye des officiers. C'était la plus grosse
dépense. D'ailleurs ils n'en avaient pas un besoin
bien urgent. Ils pouvaient toucher des rations de
vivres de campagne à titre remboursable.

Les difficultés soulevées par la question du numéraire furent donc levées assez aisément.

CHAPITRE IV.

LE SECOND MOIS DU BOMBARDEMENT.

Le jour de l'an. — Les nouvelles et les nouvellistes. — L'affaire de Danjoutin. — Bourbaki! — L'affaire de Pérouse. — Volte-face de l'ennemi.
— L'assaut des Perches. — Les shrapnell, les bombes et les *enfants de
troupe*. — Les hôpitaux et les ensevelissements.

LE JOUR DE L'AN 1871.

Les péripéties morales des siéges se ressemblent,
et la guerre nationale a été assez souvent guerre
de siéges pour que les Français soient blasés sur
les émotions qu'ils entraînent, émotions auxquelles
ils ont pris tous part, soit par le spectacle même de
ce qui les suscitait, soit par suite des récits qui en
étaient faits.

Cette vie à la fois si complexe et si uniforme,
avec ses fluctuations d'opinion aboutissant à la nuit
des conjectures, et ses irrégulières recrudescences
de sentiments, se perdant en une vague apathie,
prêtent à l'analyse méticuleuse des psycologues;
mais leurs dehors sont choses connues.

Belfort, — ainsi que Paris, — a présenté une
particularité; mais à Belfort elle était plus saillante,
car les souffrances d'un blocus y étaient doublées
des horreurs d'un bombardement.

Commencé au milieu d'une campagne désastreuse, et vers la fin d'une année qui emportait tant d'espérances déçues, ce siége s'est continué au milieu d'un hiver qui ensevelissait dans ses neiges les promesses que les beaux jours de printemps devaient tenir. Le jour de l'an dut s'y passer sans les traditionnelles solennités de famille. Les habitants ordinaires des caves y restèrent la plupart en tête à tête à se communiquer leurs monotones impressions. Mais il y eut des audacieux qui sacrifièrent aux habitudes du monde, avec cette courtoisie française si fine et si tenace, qui se traduisait jadis par l'esprit chevaleresque de nos pères : ils firent, dans les caves voisines, les visites d'usage.

Même, grâce aux circonstances, les souhaits de bonne année, ordinairement si banaux et si indéterminés, furent cette fois bien sincères et bien précis; et les vœux qu'on ne cessait de former s'illuminèrent ce jour-là tout particulièrement des illusions que fait toujours luire, devant un œil disposé à se laisser tromper et éblouir, l'arc-en-ciel d'un avenir lointain et indécis.

Depuis longtemps, on était plongé dans l'incertitude la plus complète dans laquelle se trouva jamais un Robinson quelconque dans son île abandonnée. Mais, quoique ce vague comportât quelque chose de pénible comme toute indécision, le vent fut plus que jamais à la confiance.

Et pourtant la date même du jour amenait naturellement une révision des faits de l'année et surtout de l'hiver; et on songea que, depuis trois semaines, l'esprit s'agitait dans le vide.

De conception en conception, ne s'appuyant sur

aucune donnée positive récente, chacun était arrivé, suivant la nature de son caractère, ou aux pressentiments les plus lugubres ou aux attentes les plus consolantes ; ou bien, ce qui arrivait chez la plupart, l'esprit ballottait en de continuels revirements d'une idée à une autre. Car, en cela comme en tout, le doute pèse, et l'esprit de l'homme est ainsi fait, qu'il préfère ne posséder une conviction qu'un moment plutôt que de s'abstenir de tout jugement.

C'étaient donc de bien fragiles espérances que l'on avait à échanger.

Les combattants, eux, s'étaient salués d'une façon guerrière. Mais on ne fit pas comme à Fontenoy, on ne dit pas : « Après vous, messieurs les Prussiens. » A minuit, une salve de douze coups de canon avait été tirée du Château. L'ennemi répondit à cette prévenance avec ses Krupp. Les obus représentaient les cartes de visite.

LES NOUVELLES ET LES NOUVELLISTES.

Enfin! se disait-on le 4 janvier, enfin! on a « des nouvelles ».

On en avait, mais elles étaient fausses, du moins celles qui se répandirent.

Naturellement, elles annonçaient des succès hyperboliques. Elles se propagèrent avec une rapidité incroyable, et furent accueillies avec tant d'empressement, que M. Denfert crut devoir détruire, dans leur principe, les douloureuses déceptions qui en accompagneraient tôt ou tard l'inévitable démenti. Ce qu'il fit par l'ordre suivant :

Des nouvelles fausses de succès extraordinaires remportés par les armées françaises près de Paris ont été répandues aujourd'hui en ville par deux messagers des environs venus de deux côtés différents. Un troisième porteur de dépêches, dans lequel le commandant supérieur croit pouvoir avoir confiance, est venu donner de vive voix les mêmes nouvelles comme circulant dans une autre partie du pays. Cependant ces nouvelles sont certainement fausses, non-seulement dans la forme, mais même dans le fond, et aucun fait ne les a motivées.

Le commandant supérieur croit devoir mettre en garde les troupes de la garnison contre ces bruits sans fondement et destinés à produire la démoralisation parmi tous en y faisant naître des espérances qui pourraient être démenties le lendemain. Il est à sa connaissance positive que l'ennemi ne laisse pénétrer dans le pays envahi, d'où ces bruits nous proviennent, aucun journal, ni français, ni suisse, ni même allemand. Tous les bruits qui circulent doivent donc être regardés comme émanant du quartier général ennemi et être tenus pour suspects jusqu'à plus ample informé.

. Le commandant supérieur croit pouvoir répondre de la certitude des moyens à sa disposition pour reconnaître le degré de fondement des nouvelles apportées par les messagers. Il fera connaître aux troupes celles de ces nouvelles de l'authenticité desquelles il sera sûr, et il prie les officiers et les troupes sous ses ordres de ne point en accueillir en quelque sens que ce soit, tant qu'elles ne leur seront pas parvenues par la voie de l'ordre. Ainsi sera déjouée cette manœuvre de l'ennemi.

Belfort, le 4 janvier 1871.

Signé : DENFERT-ROCHEREAU.

C'est à cette époque, si je ne me trompe, que fut éditée cette grande blague, dont on rougit aujourd'hui, et qui fit le tour de l'Alsace : l'histoire des

cercueils, recouverts de draps précieux, qui
venaient de Versailles, au milieu de la consternation des Allemands. Ils renfermaient, à tout le
moins, le corps de Moltke et de quelques autres
généraux. Certains conteurs immolèrent également
Bismarck et Guillaume. Les malins prétendaient qu'il
n'y avait là rien d'étonnant, les dernières opérations
de l'ennemi n'étant nullement dignes du génie de
Moltke. — On parlait aussi de voitures de blessés
prussiens qui partaient de Belfort.

Après que la première crédulité eut été morti-
fiée, on vit que la situation n'était pas brillante.
En province, la marée montante de l'invasion avançait, avançait sans cesse. « On s'est battu à Rouen,
le Havre est menacé, le gouvernement de Tours a
dû se transporter à Bordeaux, les mobiles du
Haut-Rhin sont à Bourges, » se disait-on avec
accablement. Quant à Paris, il n'y avait pas à se
dissimuler qu'en définitive la situation était le
statu quo d'une ville bloquée par des assaillants
possédant des ressources presque illimitées. Les
combats dont on nous entretenait montraient
simplement qu'on piétinait sur place, sans pouvoir
marcher.

Telles étaient les nouvelles positives. Mais une
longue attente et la prolongation excessive du siége
enfiévrèrent de nouveau l'opinion. Un jour, il était
question de cent cinquante mille ennemis qui
avaient passé le Rhin; le lendemain, on annonçait
que le peuple allemand se révoltait devant la perspective de nouvelles levées, et faisait des manifes-
tations en faveur de la paix. Que de conjectures
aussi n'a-t-on pas imaginées sur le siége de Langres,

que l'on fut amené, de supposition en supposition, à considérer comme certain !

Après la retraite de Bourbaki, le ressort des esprits, qui, en somme, les rendait optimistes, se détendit. Découragés tout à coup outre mesure, ils accueillirent, à tort ou à raison, mais avec une incroyable facilité, quantité de désolantes rumeurs. Si bien que, pour réagir contre l'entraînement, on vit rappeler le siége de Mayence et les faux *Moniteurs* que l'assaillant faisait entrer dans la place. Un jour devait venir où l'on parlerait sérieusement de la venue d'une seconde armée de secours et de la signature d'un armistice à la Conférence de Londres. Et ce jour fut le 28 janvier !

AFFAIRE DE DANJOUTIN.

Le village de Danjoutin est très-rapproché de Belfort.

Au delà de Danjoutin, également sur les bords de la Savoureuse, se trouve le village d'Andelnans.

Andelnans avait été un des premiers points occupés par l'ennemi ; c'est là qu'il établit une de ses premières batteries. Danjoutin, au contraire, resta occupé par des troupes françaises.

Entre les deux localités est une étroite et petite vallée recouverte de prairies et bordée par des bois. Aux extrémités étaient les avant-postes : d'un côté, Français ; de l'autre, Prussiens. Longtemps ils furent à portée de fusil ; mais on ne tirait qu'avec de l'artillerie. Belfort tirait sur la batterie d'Andelnans ; celle-ci ripostait, le plus souvent, en tirant sur Danjoutin.

Ceci se passait vers la fin de décembre et au commencement de janvier.

Le bombardement de Danjoutin fut plus violent que jamais le 7 janvier, sans préjudice toutefois du bombardement général. Ce jour-là, on remarqua que le fil télégraphique était rompu ; et, dans la nuit du 7 au 8, on entendit, de ce côté, le bruit assez fréquent d'une fusillade ordinaire.

Le 8, au matin, le bruit courut que Danjoutin n'était plus à nous. On n'y pouvait croire ; et c'était vrai !

Toute la matinée, les bruits les plus contradictoires circulèrent non-seulement parmi ceux qui n'étaient jamais les premiers à être renseignés, mais aussi en haut lieu. Le gouverneur avait fait faire des reconnaissances qui coûtèrent la vie à plusieurs. Le capitaine du génie Degombert fut mortellement blessé dans l'une d'elles. M. Denfert avait pris de divers côtés des informations, que la rupture du fil télégraphique ne permettait pas de rendre complètes. En somme, il était avéré que, la nuit, Danjoutin avait été cerné.

L'après-midi, on raconta que du haut du Château on avait vu défiler, hors de Danjoutin, des mobiles au nombre de huit cents environ. Or tel était le chiffre de la garnison du village.

Cette rumeur se confirma. L'opinion publique en fut vivement affectée. Quiconque connaît Belfort sait combien près en est Danjoutin [1], et

---

1. Dès le 12 une batterie y était installée et tirait sur l'Espérance et la Manutention.

une perte de huit cents hommes était une perte
énorme.

On apprit que la garnison de Danjoutin s'était
bien défendue. Mais, surprise, éparpillée dans les
maisons, elle ne pouvait pas opposer une résistance
efficace.

A qui donc la faute?

De l'avis de tous, si la garnison n'a pas été pré-
venue de l'arrivée de l'ennemi, la faute en est aux
grand'gardes, qui ne donnèrent pas l'alarme.

De l'avis de tous, si le village a été entièrement
cerné par l'ennemi, la faute en est au détachement
de Saône-et-Loire, qui établissait les communications entre Danjoutin et les faubourgs, et qui,
loin de se porter vigoureusement sur le point
menacé, n'avait pas tardé à se replier vers le
Fourneau.

Le commandant supérieur ordonna l'arrestation
des officiers de ce détachement et leur comparu-
tion devant un conseil de guerre [1]. Mais l'affaire ne
pouvait pas facilement s'instruire. Où trouver des
témoins autres que les inculpés? Ceux qui devaient
être secourus et qui ne le furent pas avaient été
faits prisonniers. Ces officiers furent rendus à la
liberté, lors de l'évacuation de la place.

BOURBAKI!

La pénible impression causée par l'affaire de
Danjoutin ne tarda pas à se dissiper. Une nouvelle
se confirmait qui reléguait dans l'ombre les détails

1. Voir l'ordre relatif à Danjoutin, à l'Appendice.

de la défense, en mettant en avant la prévision d'une levée du siége.

Dès les premiers jours de janvier, certains journaux suisses, qui nous étaient parvenus, permettaient de croire à l'arrivée d'une armée de secours[1]. Cet espoir, qui devient, à un moment donné, la marotte de toute ville assiégée, n'était donc pas une chimère pour nous. Ces journaux parlaient d'un grand mouvement qu'une armée de récente formation allait opérer dans l'est; et dans ce mouvement rentrerait naturellement le débloquement de Belfort.

Le 9 janvier, certains forts avancés signalèrent le bruit du canon. A diverses reprises, pareil fait s'était produit depuis l'investissement. On n'y mettait pas d'importance. Mais, après les récents pronostics, on y vit une preuve de la venue de l'armée de secours.

Il s'y ajouta des renseignements privés. Je me rappelle qu'une nuit, étant de service, un officier de place, faisant sa tournée, annonça comme nouvelle authentique la mise à exécution d'un mouvement combiné. Bourbaki avec quatre-vingt mille hommes, Bressolles avec trente mille, et Garibaldi avec douze mille, marcheraient de concert à partir de la direction de Lyon, et opéreraient leur jonction près de Dijon.

On ne pouvait donc pas douter de l'existence de l'armée de secours. Cependant la canonnade, signalée le 9, ne se faisait plus entendre les jours suivants. Les sentinelles avaient beau interroger les

1. Ils nous annonçaient également la victoire de Bapaume.

alentours : les batteries prussiennes seules y rompaient le silence. Cette armée serait-elle refoulée?
Mais elle est si forte! Le silence remarqué n'aura
été que le calme d'une halte, d'un temps d'arrêt.

Aussi, quand le 13, le bruit d'une lointaine canonnade fut de nouveau perçu, les légères inquiétudes
que des esprits pessimistes avaient commencé à
concevoir se dissipèrent-elles complétement. On
eut honte d'y avoir donné prise.

Quand, le soir de ce jour, on apprit qu'un courrier avait apporté la confirmation de la bonne nouvelle, la joie fut indicible. La dépêche, apportée si
heureusement, disait : « Victoire à Villersexel, le 9.
L'armée de l'est continue sa marche. » Elle était
chiffrée, et le messager l'avait apportée dans la
semelle de ses souliers.

Le 14, on attendit plein de confiance. C'était la
veille d'un jour mémorable dans l'histoire du siége
de Belfort. Le souvenir en est ineffaçable.

C'était une belle journée d'hiver que celle du
15 janvier 1871. Après les froids excessifs du commencement de l'année, le soleil reparaissait, —
soleil d'Austerlitz, pensions-nous. — La lumière se
reflétait sur la glace et la neige, et ses chauds
rayons portaient jusque dans l'âme un sentiment
indéfinissable de bien-être.

C'était un jour qui paraissait prédestiné au bonheur, et, d'après tout ce que l'on savait, ce jour-là
devait être le jour de la délivrance. Il ne fut que
celui de l'espérance.

De grand matin, le grondement du canon fut
signalé de divers côtés. Il ne tarda pas à se faire

entendre avec une force inaccoutumée. « Ils avancent, disait-on, ils arrivent. »

Effectivement, ils approchaient les libérateurs si longtemps attendus et si ardemment désirés. Tout le jour, les sons devinrent de plus en plus distincts, et le tir sur Belfort se relâcha un peu.

Un courant d'impressions concordantes fit le tour de la ville, comme aurait pu le faire un courant électrique. En quelques instants, — on eût dit qu'ils s'étaient donné le mot, — surgirent de toutes les maisons des habitants radieux, qui se mirent à circuler dans les rues, comme si tout danger était passé. Les *cavistes* les plus endurcis apparaissaient sur le seuil de la porte, voire même sur le trottoir.

Ce n'était partout que félicitations mutuelles. La joie éclatait sur toutes les physionomies et rasérénait les malades jusque sur leur lit de douleur. Les vieux militaires eux-mêmes, sans être aussi absolus que les autres, ne dissimulèrent pas leur contentement.

Au dehors les canons continuaient bon train. Les roulements s'étendaient de plus en plus, paraissaient marquer un mouvement circulaire, indiquaient parfois qu'on se rapprochait, ne paraissaient jamais marquer une rétrogradation. Il s'y mêlait ce curieux cri strident des mitrailleuses, qui donne à l'oreille la sensation d'une étoffe de soie déchirée vivement et d'un seul coup.

Ainsi se passa toute la journée du 15.

Vers le soir, le gouverneur ordonna de faire tirer à blanc un certain nombre de coups dans tous les forts, « en signe d'allégresse, disait-il ; l'armée française s'avance ». Il fallait d'ailleurs ménager les projectiles ; quant à la poudre, il y en avait tant et plus.

Alors, pendant une heure environ, un feu roulant d'artillerie s'ouvrit sur toute l'enceinte de la forteresse. Un épais et vaste nuage de fumée s'éleva dans le ciel et plana sur la ville ; et les détonations, augmentées en nombre et en intensité par les échos de ce pays montueux, parvinrent jusqu'aux oreilles des ennemis et des sauveurs. Elles disaient aux uns que Belfort avait encore de quoi se défendre, et rappelaient aux autres que Belfort avait encore toute son énergique volonté de se défendre.

C'étaient des salves de réjouissance. C'était aussi quelque chose comme les signaux que fait un navire jeté par la tempête dans des parages inconnus, lorsque, du haut de la hune, un matelot a aperçu une voile à l'horizon. Mais ce navire était un autre *Vengeur,* dont les marins auraient su, eux aussi, si tout avait dû se concerter pour un irrémissible désastre, succomber aux cris de : « Vive la République ! »

La voix de bronze appelait fièrement au secours, saluait noblement les porteurs de la délivrance et, jusque dans ses cris de détresse, ne laissait pas oublier que le désespoir, loin d'amollir les courages, ne parviendrait qu'à les affermir davantage.

Anxieux, on resta éveillé longtemps, prêtant l'oreille, épiant les moindres bruits. Mais, quand les plus impatients et les plus curieux regagnèrent leur gîte, et que la sentinelle, — qui comptait s'entendre répondre : « France, Amis », au « Qui vive », qui accueillerait les libérateurs attendus, — vit

s'épaissir des ténèbres impénétrables à son regard...
on dut se dire : « A demain. »

La nuit se passa presque comme à l'ordinaire.
Assiégés et assiégeants s'envoyèrent réciproquement
une certaine quantité de projectiles. Ce ne fut que
par intervalles et localement qu'au loin des escarmouches parurent avoir lieu.

L'aube du lendemain fut signalée par une vigoureuse reprise des hostilités, et l'action fut violente
toute la journée.

En somme, elle ressembla à celle de la veille.
Même, l'après-midi, la canonnade fut plus intense
et plus rapprochée. L'on vit que le mouvement vers
le sud, qui se dessinait déjà le 15, s'était nettement
accentué. La Miotte signala des batteries françaises ;
et, comme tout s'exagère, le bruit courut un moment qu'une avant-garde était entrée dans le fort.
En même temps l'on citait des villages voisins qu'on
prétendait occupés par les Français.

Malgré tous ces on-dit, si les événements de la
journée du 16 ressemblèrent à ceux de la veille, les
impressions furent autres. A un espoir plein de
joyeuse confiance succédèrent une anxiété soucieuse
et même une impatience inquiète.

On devenait pensif.

Ce devait être une lutte bien terrible et bien
acharnée que celle qui s'était traduite plutôt par un
rugissement que par un tonnerre, et qui, après avoir
eu l'apparence si prononcée d'un succès, n'amenait
aucun résultat décisif !

Les amis avaient été bien près. On n'en pouvait
douter. Le soir, lorsque les rumeurs de la ville et

de la campagne avaient disparu, on pouvait distinctement entendre jusqu'à la fusillade.

La nuit du 16 au 17 fut plus agitée que la précédente. De tous côtés, et à chaque instant, des escarmouches étaient signalées. Elles faisaient songer à des convulsions d'une armée à demi détruite. Mais cette armée, qui ne pensait pas que c'était l'armée prussienne!

Le 17, il y avait deux jours que nous entendions l'armée de secours.

De certains points, on apercevait même des lueurs se succédant sur les côtes opposées de deux montagnes. Les roulements lointains oscillaient pour ainsi dire, retentissant particulièrement, tantôt d'un côté, tantôt de l'autre ; parfois indiquant un mouvement en avant par des sons plus éclatants, ou un mouvement en arrière par des sons plus assourdis.

Les phases de la lutte et les revirements du succès nous étaient ainsi communiqués par les vibrations de l'air, et faisaient bondir le cœur dans la poitrine des défenseurs de la forteresse.

Avec quel entrain et quelle confiance on aurait fait irruption au dehors ; avec quelle ardeur, quelle *furia francese* on se serait précipité sur les derrières de l'armée de siége! Mais le chiffre de la garnison ne permettait pas de faire une sortie importante, et la pensée de voir les assiégeants, assiégés eux-mêmes, tenter un effort suprême, faisait des remparts le poste de tous.

Il ne faut pas oublier que le tir ennemi n'avait pas discontinué ; il s'était seulement ralenti. Le possible fut fait. Les pièces de la place ripostèrent

vigoureusement, et deux reconnaissances furent
poussées du côté des batteries prussiennes [1].

Peu à peu le ralentissement et l'éloignement de
la bataille se firent trop bien remarquer. Un temps
affreux succéda aux belles journées qui avaient
précédé. La neige tomba en excessive abondance.

On s'apercevait, malgré soi, que la valeureuse
armée ne se battait plus que par saccades, et que la
confusion s'était mise dans ses opérations. On pres-
sentait, à son cœur défendant, que le rêve de délivrance que l'on avait caressé devenait une illusion
en train de s'évanouir. Alors, devant cette cruelle
déception, l'esprit se raidissait contre l'évidence et
se refusait à croire à des caractères trop significatifs,
hélas! Il s'épuisait en efforts pour renaître à l'espérance.

Cependant les plus noires appréhensions se confirmaient. Aux grondements sonores qui avaient
rempli quelques journées, ne tarda pas à succéder
aux alentours un calme parfait.

Le 18, on entendit encore un bruit de la fusillade,
et l'on aperçut au loin des feux d'incendies.

Puis les batteries ennemies furent de nouveau
dirigées toutes vers Belfort, et le tir reprit comme
auparavant.

Bientôt on fut tenté de se demander si l'on n'avait
pas passé par un songe... songe rempli de faits et
d'émotion, gros d'espérance et de doutes; songe
qui avait ouvert les plus consolantes perspectives, et
qui ne laissait plus entrevoir que l'incertitude;

1. L'une de ces reconnaissances, celle poussée le 16 du côté
d'Essert, aboutit à une très-vive escarmouche.

songe dont les chatoyants mirages faisaient place aux anxieuses réalités du réveil.

Le 18, on n'entendit plus rien du tout de l'armée de secours. Mais, si elle a été repoussée, disait-on, ce n'est pas à dire qu'elle a été détruite. Bourbaki aura abandonné Belfort, parce que les difficultés y étaient trop grandes ; mais il sera allé faire sur les bords du Rhin une diversion qui aboutira au même résultat.

Ces dires continuèrent à avoir le même crédit, alors même qu'un courrier eut apporté la nouvelle de la défaite par ces mots : « Le 15, succès ; le 16, revers ». Plus tard, les officiers faits prisonniers à l'assaut des Perches nous apprirent que les artilleurs ennemis étaient, le 15, prêts à partir : sac au dos et clous en main. Un seul pas en avant de l'adversaire aurait déterminé la levée du siége. Il ne fut pas fait.

Belfort dut recommencer son siége ; car il l'avait cru terminé.

On avait passé par une période où l'on avait dit adieu aux misères d'une vie pénible à laquelle on s'était fait, — autant qu'on peut se faire à des souffrances quotidiennes ; — et l'on devait reprendre, au point où on l'avait laissée, cette existence dont un profond dégoût était venu par le contraste d'un changement considéré comme certain.

On sentait aussi que le déblocquement de Belfort était un des points principaux de l'immense entreprise de Bourbaki ; l'on tremblait que l'insuccès dans cette tentative ne rompît le plan tout entier, et l'on était obsédé par la désolante pensée que la dernière planche de salut de la France venait de lui échapper.

7

AFFAIRE DE PÉROUSE.

En même temps que le tir ennemi s'acharnait sur Danjoutin (7 janvier), il était loin d'épargner Pérouse. Le dépôt de convalescents qui s'y trouvait dut venir se réfugier à Belfort. Danjoutin pris, le bombardement continua. Seule, l'armée de Bourbaki produisit par contre-coup une courte pause.

Le 14, il reprit avec force, et se poursuivit de même.

Le 20, il fut plus violent que jamais.

Naturellement on s'attendit à une attaque. Ce procédé rappelait trop fidèlement les préliminaires de la surprise de Danjoutin. La batterie volante se tint prête. Aux abords de Pérouse sont des bois; un bataillon de mobiles du 57e régiment provisoire fut chargé de les défendre. Dans le village étaient quelques compagnies du 84e, la meilleure infanterie qu'il y eût à Belfort. Nous avons vu que des retranchements y avaient été faits.

Le 20, vers minuit, attaque sur toute la ligne.

Les bois sont bientôt débordés.

L'ennemi arrive au village en poussant ses hourras. Le 84e lui répond par un formidable feu de peloton. Accueilli par une grêle de balles, l'assaillant recule, et ses cris de guerre deviennent des cris de détresse. On les entend de Belfort.

Continuellement renforcé, l'ennemi tente pendant des heures de se frayer un passage. Des salves de mitraille et de coups de fusil l'obligent de rétrograder à chaque essai. Le 84e et la batterie volante maintiennent leur haute renommée. Le capitaine

Perrain du 84e, — lieutenant au début du siège, — se distingue tout particulièrement à la tête de sa compagnie d'éclaireurs portée sur une hauteur [1]. En général, les feux de peloton furent faits si régulièrement, avec tant de sang-froid, qu'on put se maintenir à des distances excessivement réduites de l'ennemi.

Malheureusement les bois avaient été évacués. Le gouverneur, qui était très-économe des ressources de la garnison, fit donner l'ordre du départ. Les troupes rentrèrent dans la ville.

Quelques jours plus tard, nous apprîmes que le général de Tresckow, en annonçant au roi Guillaume la prise de Pérouse, avait avoué que « les pertes n'étaient pas insignifiantes ». L'euphémisme était transparent pour tous.

D'autre part, on savait à Belfort combien vaillante avait été la défense de Pérouse ; l'on avait vu que les troupes s'étaient repliées véritablement en bon ordre.

On ne fut donc pas, en général, péniblement affecté de la perte de ce village. On fut même tenté de souhaiter à l'ennemi beaucoup de victoires aussi désastreuses.

VOLTE-FACE DE L'ENNEMI.

Danjoutin et Pérouse, même considérés isolément, sont deux faits saillants. Mais, par ses divers

---

1. Après cette affaire, il fut nommé chef de bataillon et chargé de la défense des Hautes-Perches.

actes, à quoi l'ennemi tendait-il spécialement ?
Récapitulons :

Nous avons vu que la première attaque de l'assiégeant s'était concentrée sur Bellevue et les Barres, au
moyen de batteries établies à l'ouest entre Essert et
Bavilliers ; — que, après le repos des 20-21 décembre,
de nouvelles pièces avaient été posées vers le sud ;
que les batteries les plus actives se trouvaient
entre Bavilliers et Danjoutin, et qu'elles tiraient
principalement sur les Perches et le village de Danjoutin ; — tandis que Pérouse, située à l'est, de
l'autre côté des Perches, était vigoureusement bombardé.

Ces deux villages furent donc occupés par les
assiégeants dans le courant du mois de janvier ; et
de suite s'ouvrit une grande tranchée qui devait
relier les deux villages en contournant les Perches.
En même temps, de Danjoutin (Bosmont et bois de
la Brosse) l'ennemi tirait sur les Perches, et de
Pérouse (bois des Perches) sur la Justice.

Le Château, lui, n'avait jamais cessé d'être un des
objectifs directs principaux. Je dis directs, parce
que vers le Château tendront tous les plans d'attaque.
C'est incontestablement la chute du château qui
terminera toute résistance.

L'ennemi opérait, on le voit, un mouvement
convergent vers le sud-est, — en d'autres termes,
vers les Perches, — partant de l'est et du sud, mais
beaucoup plus accentué dans ce dernier sens. De
l'Espérance on pouvait facilement constater les varia-
tions de la ligne de tir. Les obus, qui primitivement
venaient frapper perpendiculairement le grand blindage de l'hôpital-caserne, changèrent progressive-

ment de direction, et, vers la fin de janvier, il s'en
trouva qui se dirigeaient parallèlement à ce même
blindage. Les ricochets de plus en plus nombreux
qui rejaillissaient de la face du château étaient une
conséquence de l'obliquité du tir.

Les moins experts pouvaient donc, même avant
une attaque de vive force, s'apercevoir, à n'en pas
douter, que c'est par les Perches que l'assaillant
cherchait à s'emparer de Belfort. Mais alors, pourquoi commencer par attaquer si vigoureusement
d'un côté pour l'abandonner au bout de trois
semaines? Pourquoi faire des mouvements qui en
définitive constituent une volte-face complète ?

Faut-il admettre avec M. de Perrot[1] que les phases,
nettement tranchées pourtant, dont se composa le
siége, rentraient dans un plan prodigieux de tacticien
consommé, plan conçu dès le premier moment, et
dont l'auteur n'a pas dévié? Faut-il admettre comme
une combinaison admirable de : — « commencer
l'attaque par les forts de Bellevue et des Barres pour
les réduire au silence par une attaque de front, tout
en prenant à revers les forts des Perches et du
Château ; puis tourner les deux premiers forts et les
attaquer de flanc par des batteries situées entre
Bavilliers et Danjoutin, tout en continuant à les
occuper de front ; et enfin attaquer de front les
Hautes et les Basses-Perches par des batteries
situées sur les hauteurs de l'est de Daujoutin, tandis
que ces mêmes forts continuaient à être pris à revers
par les premières batteries allemandes situées à
l'ouest? »

7. Ch. xiii. Attaque et défense des places. *Op. cit.*

Ou bien faut-il reconnaître, avec un journal berlinois, la *Neue preussische Zeitung*[1], que les assiégeants ont changé radicalement le plan d'attaque primitivement adopté? — Que la tentative faite par les hauteurs d'Essert et de Bavillers n'a pas produit les résultats attendus?...

La plupart, peut-être même la totalité, de ceux qui ont été dans Belfort inclinent vers cette dernière opinion. Ils pensent que, au point de vue purement militaire, l'assiégeant a commis une faute; car, dès le principe, il aurait pu s'établir et se maintenir au Bosmont et au bois de la Brosse. Mais ils sont également portés à croire qu'il a voulu dérouter la défense en attaquant d'un côté où l'on ne paraissait pas s'attendre à une attaque. Nous savons comment ce côté faible a disparu. — Ils remarquèrent également que, dans le système fourni par l'ensemble des différentes opérations successives, le feu ennemi a fauché, si je puis m'exprimer ainsi; tous les forts et la ville entière, avec les faubourgs, ont eu leur quote-part de ravages et de dangers. On peut donc estimer que l'ennemi avait en vue un effet moral.

Sans m'arrêter davantage à des considérations théoriques, à la mi-janvier il résultait de tout ce qui s'était passé que, depuis le commencement de l'année et particulièrement depuis la tentative de Bourbaki, le siége de Belfort était entré dans une phase nouvelle : attaque simultanée des Hautes et des Basses-Perches, comme préliminaires d'une formidable attaque du Château.

1. Numéro du 24 janvier. (Article reproduit par le *Siége de Belfort*.

ASSAUT DES PERCHES.

Battre une fortification en brèche, puis faire une attaque de vive force, sont choses qui ne rentrent pas dans les habitudes des Allemands. Les lauriers français de Malakoff ne les empêchèrent guère de dormir ; ils montrèrent une préférence marquée pour les moyens lents et sûrs, et une répugnance profonde à l'endroit de l'imprévu de la valeur personnelle.

Ce n'est donc pas sans un grand étonnement qu'on les a vus tenter un assaut à Belfort : celui des Perches. Naturellement il n'a pas réussi.

Au demeurant, la surprise de Danjoutin avait dû leur donner de l'ardeur et de la confiance. Et il leur en fallait pour oser employer un si violent moyen de hâter la solution dont ces forts étaient le nœud. Pourtant, le tir excessif des jours précédents n'avait pas été négligé pour préparer le terrain.

Une autre circonstance, — procédé artificiel, — donna de l'entrain aux troupes allemandes. Les prisonniers que l'on fit à cette affaire avaient des bidons largement approvisionnés d'eau-de-vie, à moins qu'ils n'en eussent enlevé la totalité. Plusieurs étaient complétement ivres.

Or donc, le 26 janvier au soir, une vive fusillade engagée du côté des Perches donna l'alarme ; toute la garnison se mit sur pied et le feu de la place s'ouvrit sur les abords de ces forts. On apprit que plusieurs milliers de Prussiens voulaient monter à ces forts par la pente douce qui se trouve du côté du Château, mais qu'ils étaient repoussés énergiquement et avec succès. Le bombardement de la place est furieux.

L'affaire avait commencé par une surprise. Quelques compagnies de pionniers avaient réussi, grâce à l'obscurité de la nuit, à pénétrer dans les fossés des Basses-Perches ; là ils se proposaient de faire une brèche avec la mine. Aperçus par des soldats du 84e, ils furent sommés de se rendre. Un officier fut même appréhendé au collet par un brave qui descendit l'escarpe. Les ennemis ne purent faire mine de résister. Ils étaient pris comme dans une souricière. Les officiers durent remettre leur épée, bien qu'ils prétextèrent qu'ils ne devaient la remettre qu'à un officier.

A ce moment s'engage la vive fusillade que nous avions entendue. La petite garnison des forts repousse les assaillants, l'artillerie de la place les décime, des compagnies de renfort montent vers les Hautes-Perches, d'autres se placent au Fourneau pour inquiéter leurs derrières. Les Français ne peuvent contenir leur ardeur ; ils se précipitent la baïonnette en avant. Sur certains points, il y eut une véritable mêlée. Le capitaine du génie Journet est frappé d'une balle au moment où il entraîne ses hommes. On l'emporte, et, malgré la gravité de sa blessure, il continue à les exciter de la voix, et meurt frappé d'une seconde balle.

Bref, l'assaut fut repoussé.

Nos pertes furent insignifiantes. Près de 300 prisonniers furent amenés en ville, et, le lendemain, la neige des abords des Perches était mouchetée de taches noires qui étaient autant de cadavres. On estime que les pertes de l'ennemi montèrent à 1,000 ou 1,200 hommes. Les soldats de Belfort allèrent enlever aux morts mainte paire de bottes et maint autre objet d'habillement ; — autant pour se procurer des vêtements dont ils manquaient que pour rapporter des trophées.

Le général de Tresckow demanda à faire enterrer ses morts. Le colonel Denfert préféra se charger lui-même de ce soin, sous la condition que les assiégeants cesseraient leur feu. Le 27 janvier, de quatre à six heures du soir, les canons ennemis se turent ; ce fut le seul moment de répit de tous les soixante-treize jours de bombardement. N'ayant pas été prévenu, plus d'un ne s'en aperçut pas. A six heures précises, un obus tomba sur la place d'Armes.

L'affaire des Perches était un beau succès. Il consola un peu de la perte de Danjoutin et de Pérouse. On voyait que l'assaillant ne réussirait jamais à un assaut. Quant au système d'attaque par les travaux d'approche, qui font dire que la prise d'une forteresse est un calcul d'ingénieur, l'échéance fatale était encore bien éloignée.

LES SHRAPNEL, LES BOMBES ET LES *ENFANTS DE TROUPE*.

Les dépêches arrivées au commencement de janvier avaient en somme apporté de tristes nouvelles. On était même tenté de croire que les Français, après avoir compté sur l'alliance de l'hiver, n'avaient plus espoir que dans le printemps : les beaux jours, disait-on, permettront de reprendre une vigoureuse offensive. Paris tenait bien ; mais la non-réussite de la fameuse sortie de Ducrot, l'absorption des diverses forces de la province dans l'endiguement de l'invasion, l'échec présumé de l'armée de Bourbaki, dont la canonnade, de plus en plus assourdie, nous avait annoncé le départ; toutes ces données, et c'étaient les seules certaines, amenaient logiquement à une conclusion nette et précise : Belfort ne devait plus compter que sur lui-même.

Les habitants le comprirent aussi bien que l'armée. Mais ce fut plus qu'une résignation passive qui se continua, ce fut un défi qu'ils jetèrent. — L'insuccès de la démarche des Suisses[1] ne fit qu'exciter leur courage, sur les défaillances duquel l'assiégeant paraissait spéculer.

Cependant le siége devenait de plus en plus horrible. L'ennemi établissait une batterie après l'autre, et les projectiles qu'il lançait étaient plus meurtriers que jamais.

C'est alors qu'on mit sur les points qui n'en étaient pas encore pourvus, des guetteurs munis d'une corne. Placés derrière un épaulement et en vue des batteries ennemies, ils avaient à observer le tir dirigé sur leurs forts respectifs. Le jour, la fumée qui s'élevait au-dessus du canon, la nuit, la lueur de l'explosion de la poudre, les avertissaient quelques secondes à l'avance de l'arrivée du pro-

---

1. On n'en recevait plus aucune nouvelle, ce qui donnait à penser que le refus était dissimulé par des atermoiements. Le *Journal de Genève* du 27 décembre nous disait : « Le Comité institué à Porrentruy en faveur des assiégés de Belfort a été bien reçu par le commandant du siége. Mais les conditions imposées à la sortie de Belfort des personnes incapables de porter des armes ne sont pas encore déterminées, de sorte qu'une nouvelle démarche du Comité sera nécessaire. »

jectile. Un signal était donné avec la corne, et qui se trouvait à découvert se garait. On ne saurait croire quels immenses services ont rendus ces guetteurs. A Belfort on s'en apercevait d'autant mieux que les sonneries ne discontinuaient pas.

Les Shrapnel ont, dans la dernière guerre, acquis une célébrité triste, mais méritée. Il n'est personne qui ignore le grand nombre de balles qu'ils renferment, le mécanisme de leur fusée qui permet l'éclatement à une distance voulue, leur longue portée et leur arrivée imprévue. — Les Shrapnel étaient venus dès le commencement, mais en petit nombre. En janvier ils arrivèrent à foison.

Vers la mi-janvier nous reçumes de nouveaux spécimens de l'artillerie prussienne. C'étaient des obus de 55 centimètres de hauteur et de 22 centimètres de diamètre à la base. Ils pesaient 78 kilogrammes, et contenaient une charge de 5 kilog. de poudre. Leur arrivée se manifestait par un bruit tout particulier, plus grave que celui des autres projectiles. De plus le son se produisait d'une manière saccadée; on eût dit qu'ils s'essoufflaient à avancer. Il arriva assez souvent qu'ils n'éclatèrent pas ; dans ces cas-là, c'est sans doute un mouvement de bascule, imprimé par le poids du culot, qui ne permettait pas une percussion suffisamment forte. Mais leur masse seule les rendait effrayants. Les soldats les décorèrent du sobriquet d'*enfants de troupe*.

On les vit percer des voûtes et des blindages que l'on croyait à l'épreuve. de tout projectile. Ils ébréchèrent la façade de la caserne du Château. Ce sont eux qui démontèrent une pièce du Château, blindée avec des rails, des madriers, de la terre, etc., la

fameuse *Catherine,* appelée aussi *Charlotte,* célèbre
à Belfort depuis longtemps et qui avait déjà joué
son rôle, m'a-t-on raconté, au blocus de 1813-14.

Ce sont eux également qui, au Château, produisirent la terrible explosion du 20 janvier. — Le 2
déjà un petit abri à projectiles avait sauté, mais
sans produire d'autre accident.

Le 20 janvier, vers quatre heures du soir, on put,
de dessus les remparts, entendre une épouvantable
détonation et voir un épais et énorme nuage s'éle-
ver du Château. Voici ce qui s'était passé : — Une
vingtaine d'artilleurs de la 5ᵉ batterie du Haut-Rhin
se trouvaient de service non loin d'une poudrière.
Arrive un projectile de 78 kilos. On se gare près de
la poudrière. Mais le projectile en perce la voûte et
tout l'approvisionnement éclate. Presque tous sont
tués raides ; les autres grièvement blessés. Il en est
deux dont on ne retrouva pas le moindre vestige...
Immédiatement après la catastrophe, le lieutenant
Simottel (de Colmar), qui se trouvait occupé avec
des artificiers, se jette en avant avec le sang-froid et
le dévouement qui le caractérisaient. Deux hommes
le suivent. Au même moment, arrive un autre de
ces énormes projectiles. Le brave lieutenant et un
de ses compagnons sont mortellement blessés. Le
troisième resta seul pour raconter les détails de cet
affreux événement.

L'occupation des villages de Pérouse et de Danjoutin permettait à l'ennemi de resserrer le cercle
d'investissement. Aussi les bombes, qui jusque-là
n'étaient guère tombées que sur Bellevue, les Barres,
les Perches et les faubourgs, attaquèrent-elles le

Château, la Justice et la Miotte. Le 29 janvier, la ville elle-même en reçut. Belfort fut *bombardé*, dans toute la rigueur de l'expression.

L'effet destructeur des bombes est connu. On sait que la force énorme que donne la hauteur de chute leur permit maintes fois de traverser plusieurs étages d'une maison.

Des obus ordinaires je ne parle plus. C'étaient de vieilles connaissances.

Il serait trop long d'énumérer toutes les ruines et toutes les morts qui sont dues à ces moyens de destruction réunis. Chaque jour amenait un nouveau désastre. Et, pendant ce temps, la fièvre typhoïde faisait quotidiennement dix et douze victimes!

Il y eut des jours où le nombre des projectiles reçus s'éleva jusqu'à 7 et 8,000. Il y eut des obus qui enfilèrent des abris (Basses-Perches) et cherchèrent des victimes jusque sous des passages couverts (Château, Espérance). Au camp retranché, elles se comptaient généralement par demi-douzaines. Dès les premiers jours on y courait de grands dangers[1].

Les prisonniers prussiens souffrirent comme nous autres de ce furieux bombardement. Le jour même

---

1. « Il est plus facile de dire qu'une place de guerre avec forts détachés doit abriter tant et tant de mille hommes que de les abriter en réalité; car, du jour où l'assaillant connaîtra l'emplacement du camp retranché, le défenseur peut être assuré qu'il n'aura plus de repos ni jour ni nuit, et que l'assaillant rendra le camp intenable par les projectiles qu'il lancera. C'est encore Belfort qui me fait parler ainsi; car le camp retranché, situé entre les forts de la Justice, de la Miotte et la ville, fut rendu intenable, quoique entièrement à couvert de la vue de l'ennemi, par les projectiles que celui-ci y dirigea. (L. de Perrot. *Op. cit.*)

de son entrée à Belfort, un officier fut blessé au bras par un éclat d'obus. On en avait logé un grand nombre dans la prison de la ville, très-solidement bâtie et abritée en une certaine mesure par l'hôtel de ville. Beaucoup d'habitants et de soldats n'étaient pas dans des logements plus sûrs. On aurait, il est vrai, trouvé au fort des Barres de la place pour un grand nombre. Mais l'opinion publique s'alarmait déjà au sujet du petit nombre qui s'y trouva. On raconta même un moment qu'un officier ennemi avait réussi à s'en évader. Les mettre en quantité notable dans un fort aurait certainement été une imprudence.

Le 31 janvier, un *enfant de troupe* pénétra dans la prison et fit une vingtaine de victimes. Le 5 février, l'appartement des officiers ennemis au Château fut également visité par un projectile ; mais il était vide à ce moment. Exaspérés de se voir appliquer par le hasard la loi du talion, certains Prussiens essayèrent de se révolter.

A l'occasion de ces divers accidents, les officiers prièrent M. Denfert, ou de leur donner la liberté, ou de les mettre en lieu sûr. Ils se fondaient sur un précédent : le maréchal Bazaine avait mis en liberté, pour ne pas avoir à les nourrir, les prisonniers qu'il avait faits. Le commandant supérieur communiqua leur demande à M. de Tresckow, en lui annonçant qu'il était tout prêt à les lui rendre, à la seule condition qu'il accédât à la proposition des délégués suisses. Le général allemand bondit sans doute à l'idée de se voir enlever cet « élément de succès » sur lequel il se flattait de pouvoir compter. Il répondit à ses officiers « qu'ils avaient été libres de se laisser faire prisonniers de guerre ou non ; qu'ayant choisi le premier parti, ils devaient en supporter les conséquences ».

Or, tandis que les assiégeants lançaient de si formidables projectiles en une si formidable quantité, quelles étaient les ressources des assiégés en fait de munitions de guerre?

Au nouvel an, les officiers d'artillerie estimaient généralement, — sans entrer dans une discussion de chiffres, — que, en continuant le tir sur la base du mois de décembre, les provisions tiendraient jusqu'à la mi-février. Février était entamé, et l'on ne prévoyait pas une issue prochaine pour la lutte. Par bonheur, on avait fait des économies, surtout en obus oblongs. Mais il y avait des non-valeurs : des projectiles pleins qu'on ne pouvait utiliser, et des bombes remontant à Vauban, et dont la fonte ne valait rien.

On avait essayé de combler les vides au moyen d'une fonderie improvisée [1]. Le bruit courait qu'on n'était pas parvenu à la rigueur mathématique de dimensions qui est exigée. On dit aussi que la mauvaise qualité du métal faisait trop tôt éclater les projectiles. Quelle que soit la bonne explication, on abandonna cette ressource.

La disproportion entre le tir prussien et le tir français fut tout aussi grande qu'était terrible le tir ennemi en lui-même. A des obus perfectionnés nous répondions souvent par d'insignifiants boulets, et même quand le bombardement reprenait avec rage, nous étions obligés de restreindre la riposte.

_____

1. Une mitrailleuse en sortit, elle ne servit pas.

Mais nous avions appris que, malgré les énormes différences qui existaient entre l'assiégeant et l'assiégé, les Prussiens appelaient Belfort « une fabrique de morts : *Todtenfabrick* ». L'espérance resta au fond de la boîte de Pandore.

LES HÔPITAUX ET LES ENSEVELISSEMENTS.

Il est un champ de bataille que les historiens de nos guerres nationales négligent de décrire, — champ glorieux aussi pourtant ; encore bien qu'on n'y voie ni murailles ébréchées, ni canons démontés, ni armes abandonnées, tordues, brisées, ni cadavres amoncelés ou épars çà et là à travers la plaine labourée par les boulets ou constellée de mares de sang.

Ce champ de bataille est celui qui reçoit les épaves humaines du carnage, sous le nom d'hôpital ou d'ambulance.

Ici, plus de clairons, plus de tambours, plus de cris de guerre, plus de crépitements de fusils, plus d'écrasements d'hommes sous les pieds des chevaux. Ici, le soldat blessé, criblé de balles meurtrières, attend, dans le repos du silence morne, la fin de ses souffrances par la guérison, l'amputation ou la mort.

Je me trompe. Il est des hôpitaux où le repos anticipé de la tombe lui manque, exposé qu'il y est au danger de l'obus ou de la bombe, tout autant que sur le champ même du combat.

Ce sont les hôpitaux d'une ville assiégée, que ni la croix de Genève ni le sentiment de l'humanité n'ont la puissance de mettre à l'abri des projectiles ennemis [1].

Oh! alors, quelle torture, pour un soldat français, de se voir mourir, sans revanche prise, frappé, sa cartouchière pleine, par un projectile ennemi, sur son lit!...

Tel fut le sort de plus d'un brave dans les hôpitaux de Belfort.

Alors, en effet, tandis que les camarades se battaient ou mouraient debout glorieusement au rempart, eux, les malades et les blessés, succombaient misérablement sur leurs lits d'hôpital, au bruit des obus qui venaient de loin les y atteindre. Maintes fois il arriva, pendant le jour et pendant la nuit, que, souffrant de leurs douleurs physiques et de leurs préoccupations morales, obsédés, la plupart, par l'idée d'une lente et indubitable agonie, ou d'une lente et peu probable guérison, ils furent terrifiés par le bruit effroyable d'une explosion voisine, suivi des cris perçants des victimes et de la suffocante atmosphère de poudre et de plâtras, qui les plongeait dans une affreuse obscurité !

1. Un jour c'était une aile de l'hôpital militaire qui était mutilée; un autre jour la grande salle de l'hôtel de ville était bouleversée par un projectile; l'hôpital civil fut endommagé; le collège devint en partie inhabitable; l'ambulance de la maison Grosborne dut être évacuée; celle de la maison Lang au faubourg fut incendiée. Le grand hôpital de l'Espérance seul, protégé par un monumental blindage en terre, fut préservé; mais, un certain nombre de malades ayant été transportés vis-à-vis dans la manutention, un obus y pénétra un jour par une fenêtre, traversa une énorme pile de sacs d'avoine qui la blindait, éclata dans une salle et fit un mort et quelques blessés.

Comme Belfort était jonché de morts et de mourants, de blessés et de malades, il l'était aussi nécessairement d'hôpitaux et d'ambulances.

C'était d'abord l'hôpital militaire, au faubourg de Montbéliard, puis l'hôpital civil de la ville, puis la vaste caserne de l'Espérance, convertie en xénodochium; puis les ambulances de l'hôtel municipal, du collége et de la maison Grosborne... sans compter les salles d'infirmerie, les dépôts de convalescents, etc.

Ces établissements étaient dus, pour la plupart, à l'initiative privée, laquelle ne fait jamais défaut dans notre Alsace, la Charité y étant sœur du Patriotisme.

Aussi, avec quel empressement se mirent à la disposition des médecins de la ville et de l'armée, pour servir d'aides aux infirmiers militaires, non-seulement des étudiants de la faculté de Strasbourg, mais des volontaires de la mobile; non-seulement des sœurs religieuses vouées par état au soulagement des infirmes, mais des sœurs de charité laïques, des dames du monde, qui ceignaient avec bonheur le modeste tablier blanc, tandis que leurs maris, leurs fils, leurs fiancés ou leurs frères, allaient courageusement, armés du chassepot, au-devant des blessures qu'elles-mêmes peut-être seraient appelées à panser.

Il est vrai qu'on vit plus d'un mobile saisir cette occasion de se montrer humain, dans le but d'éviter celle de se montrer brave « en s'embusquant derrière un pot de tisane », comme on disait d'eux plaisamment.

Il est vrai aussi que plus d'un infirmier félon se

fit un but de spéculation du dernier sommeil des malheureux confiés à leurs soins, épiant l'heure de la mort, la devançant même, peut-être, pour s'approprier leurs dépouilles.

Mais, en faisant ombre à certaines parties du tableau, ces cas n'en faisaient pas ressortir moins pur l'éclat des couleurs des autres.

Malheureux, alors, les trop nombreux soldats sur lesquels se projetait cette ombre malsaine.

Heureux, au contraire, ceux, en grand nombre, que réchauffait le rayon bienfaisant épandu sur eux, leur venant de l'une des compatissantes samaritaines, dont les douces paroles et les doux soins versaient l'huile et le vin sur leurs blessures, que ce baume béni guérissait souvent.

Il en est de ces volontaires de la charité qui, tous les jours, parcouraient les rues de la ville bombardée, en quête du bien à faire et des secours à porter. Il en est une, venue de loin, qui, n'ayant pas voulu se séparer de son mari, capitaine de la mobile du Rhône, était restée à Belfort, où elle s'enrôla dans la noble légion : Mme Richard, celle-là même dont le lieutenant-colonel Rochas fit publiquement l'éloge dans le discours qu'il prononça lors de la rentrée à Lyon des bataillons qu'il commandait.

Il y avait à Belfort deux autres personnages qui se faisaient gloire de participer, en première ligne, à tout ce que la charité peut inventer de plus spontanément dévoué pour le soulagement des maux de la guerre. Pas un jour ne se passa sans qu'ils visitassent des ambulances et qu'ils y portassent encouragement, résignation, secours. Aussi leur mémoire sera-t-elle à jamais gardée dans la reconnaissance de la ville et de ses hôtes d'un jour. Ce sont, — encore deux noms qu'on éprouve du bonheur à prononcer, — le maire, M. Mény, et le préfet, M. Grosjean.

Quant au nombre des soldats malades et blessés, il ne put que devenir considérable dès le commencement du siége, vu qu'au fléau de la guerre vint s'ajouter celui de la variole et de la dyssenterie, aggravé par l'excessive et précoce rigueur de la saison.

Il y avait aussi, alors, un certain nombre de blessés, par suite des quelques sorties et fusillades d'avant-postes du mois de novembre.

Mais ce nombre dut s'accroître et s'accrut considérablement, par le bombardement qui devint de plus en plus intense, à partir des premiers jours.

Alors, aux nouveaux blessés qui arrivèrent du dehors, vinrent s'ajouter ceux du dedans des établissements hospitaliers, par suite de la pluie de projectiles ennemis qui tombait sur les étages supérieurs, — nonobstant le drapeau protecteur de la *Société internationale,* — ce qui fit qu'on fut forcé d'accumuler, dans les parties inférieures des bâtiments, toute cette chair humaine gâtée.

Alors, on peut imaginer les miasmes putrides et les conséquences fatales de cet horrible encombrement, d'autant que l'on avait de la place à peine pour passer entre les lits, et que dans les ambulances montées pour la guerre, on eut à regretter d'avoir fait les couchettes si confortablement larges.

Ce fut l'hôpital dit de l'*Espérance* qui fut le moins endommagé par les projectiles, grâce à son formidable blindage. Mais ce fut celui où la maladie fit le plus de ravages, et où la population malade fut la plus dense, en raison même de ce blindage, toutes les fenêtres en étant bouchées d'un côté, ce qui privait les souffreteux de la quantité voulue d'air respirable.

Aussi, sur son fronton, — si fronton il y avait, — eût-on pu substituer au fallacieux nom de l'*Espérance*, cette inscription-vérité de l'Enfer du Dante : *Lasciate ogni Speranza, voi che intrate.*

C'est dans l'une des salles des fiévreux qu'il fallait entrer pour sonder d'un coup d'œil les profondeurs du gouffre. Une fois entré là, on se sentait d'abord saisi par la fétidité d'une senteur *sui generis*, chaude et écœurante, qui vous prenait à la gorge, en même temps qu'à l'odorat, comme un fruit pourri, âcre et puant. Puis, on se sentait frémir d'horreur et de pitié, à la vue de cette multitude agglomérée d'êtres humains, au visage hâve, décharné, livide, aux yeux fixes ou hagards démesurément ouverts, à la respiration précipitée, haletante, au front terne perlé de sueur, — tous gisant sur de misérables grabats, recouverts d'une affreuse couverture en laine brune, lourde et sans chaleur, avec des draps que réclamait, depuis longtemps, la lessive, — tout cela grelottant dans une salle immense, coupée par des travées à double rangée de lits, qu'éclairait à demi une fenêtre unique, et qu'un petit poêle en fonte était impuissant à chauffer tout seul.

Maintenant, ajoutez à cela les soupirs de douleur au dedans et le bruit lugubre des obus au dehors; et vous jugerez de l'impression poignante qu'un tel spectacle dut produire sur moi, la première fois que mes yeux en reportèrent les tristesses à mon cœur.

Chez un grand nombre, l'exaltation de l'esprit venait souvent compliquer l'état morbide du corps. La nostalgie, ce funeste mal du pays, plongeait le malheureux qui en était atteint dans les tristesses d'une humeur noire, qui se traduisait d'abord par l'apathie d'un silence morne, puis par les angoisses lancinantes du désespoir, puis par les accès subits d'une fièvre chaude, pour éclater en paroxysmes effrayants d'une vraie folie.

Que faire alors?

Devenu fou furieux, on ne pouvait que le traiter en fou furieux. « Ma mère! ma sœur! mon village!... » s'écriait, par mots entrecoupés, le pauvre malade dans son délire. Mais, hélas! pour lui des étrangers seuls étaient là. La folie le reprenait, et l'infortuné s'épuisait en douloureux et vains efforts, dans l'étreinte de la camisole de force qu'on était obligé de lui mettre.

Les blessés généralement étaient dans des conditions meilleures que les malades. Pourtant, vers la fin, une pénétrante infection devint permanente; tellement que, quand on passait devant les fenêtres de leurs salles, on se sentait suffoqué par les émanations putrides qui s'en échappaient.

Et l'on était en plein hiver!...

Chose déplorable! malgré leur zèle incessant, les chirurgiens manquaient souvent aux opérations les plus nécessaires. De là, les amputations non réussies, hâtivement, tardivement ou inopportunément faites.

Autre chose déplorable encore! au zèle de l'art et de l'humanité les tracasseries formalistes venaient parfois s'opposer, qui en paralysaient les effets, au grand préjudice des souffrants.

J'ai été témoin du fait suivant :

Dans une des plus froides matinées de cette année si froide, un blessé fut amené sur un brancard à l'hôpital de l'*Espérance*. Il était sans connaissance, la tête enveloppée de linges sanglants, affreux à voir, l'air d'un mort plutôt que d'un vivant.

« Votre billet! demande le caporal de planton, en entre-bâillant la porte.

— Un billet! nous n'en avons pas, répond l'un des brancardiers. Cet homme vient d'être blessé à Bellevue. Vite, ouvrez! Vous voyez...

— Tout ça, reprend le caporal, n'empêche pas qu'il vous faut un billet, visé au bureau des entrées. Si vous êtes pressés, allez en chercher un à la place. »

Et la porte entre-bâillée se referma.

Il fallut aller à la place. Le blessé, qu'on y mena, en revint-il?... Je ne pense pas. Il est sans doute mort dans le trajet.

Heureusement que, pour d'autres, la consigne d'admission fut moins barbarement observée, l'esprit en fut mieux compris. Pour ceux-ci le certificat de leurs blessures fut jugé suffisant. Il eût dû suffire pour tous, et dans tous les cas.

Souvent le malheureux, qu'on enlevait blessé au rempart, arrivait mort à l'hôpital.

Souvent aussi, quand il y arrivait vivant, il y mourait quelques jours après.

Généralement les blessés dangereusement voyaient s'approcher la mort sans sourciller.

Plus généralement encore ils mouraient sans s'en apercevoir, ignorants qu'ils étaient de la gravité de leur situation. Plusieurs fois, dans les causeries, on se racontait qu'un tel était mort en s'entretenant de ses amis; qu'un autre avait rendu le dernier soupir en dictant une lettre à ses parents; qu'un autre avait assisté au pansement de ses plaies mortelles en fumant une cigarette, etc.

D'autres se montraient moins stoïques aux approches de la mort; du moins, ils cachaient leurs angoisses sous le masque impénétrable d'une silencieuse résignation.

Il y avait, d'ailleurs, comme quelque chose dans l'air qui habituait à l'idée de la mort. Ce quelque chose provenait, sans doute, du sentiment général de résistance qui était dans l'âme des Belfortains, au point de faire préférer la mort à la honte : « *Potius mori quam fœdari.* » Il provenait aussi de la contagion de l'exemple que plus d'un d'entre eux sut donner d'une force de caractère à tout défier, à tout vaincre.

Parmi ceux-ci, un homme se rencontra qui résumait en lui tout ce que l'âme humaine comporte de virtualité énergique et d'héroïque courage.

De cet homme, tous ceux qui se trouvaient au siége de Belfort ont conservé le plus admiratif souvenir.

Tous, nous nous le rappelons circulant par la ville pour se rendre aux hôpitaux ou aux ambulances, avec sa stature droite malgré le poids des ans, avec son air juvénile malgré ses longs cheveux blancs, avec son allure ferme et fière malgré le sifflement des obus, et aussi avec son chapeau, qu'il tenait presque toujours à la main, pour répondre aux nombreux saluts qui l'accueillaient respectueusement à son passage.

C'était un ancien soldat de la Grande Armée, portant la médaille de Sainte-Hélène, rehaussée de la croix d'honneur, sur sa soutane...; — car cet ancien soldat s'était fait prêtre, et, brave qu'il avait été à l'armée, il était resté brave dans l'Église, avec le même cœur chaud, le même sang-froid et le même oubli de soi pour son prochain et son pays.

J'ai nommé l'abbé *Froment.*

Au commencement de janvier, une circonstance terrible, le plus navrant souvenir du siége, sans contredit, vint fatalement empirer le sort de nos malades : *la pénurie des médicaments.* Comment renouveler les provisions? Impossible! enserrée qu'était la ville dans un infranchissable cercle de fer.

Et la fièvre typhoïde commençait à sévir affreusement!... Et le général de *Treschow* eut la barbarie de refuser l'entrée dans Belfort de la provision de médicaments qu'avait amenée avec lui un généreux Miottain, M. *Saümer,* de la Société internationale de Genève!...

Que faire? que faire?... Souffrir,... et mourir [1]. La mortalité devint effrayante, — au point que, d'asile de guérison ou de vestibule du dépôt des convalescents, l'hôpital n'était plus guère que l'anti-chambre de la *salle des morts.*

---

1. La mortalité pour l'ensemble de la population civile et de la garnison était de 18 par jour à la fin de décembre. Près de 1,100 moururent par suite de blessures ou de maladies.

Qu'on se figure une sorte de cachot funéraire,
ne recevant de jour que par une demi-fenêtre, long,
étroit, voûté, à l'atmosphère épaisse, glacée, saturée
d'émanations cadavériques, aux dalles froides, vertes,
parsemées de corps raides, décharnés, les uns nus,
les autres cousus dans des toiles d'emballage, — et
l'on aura une idée assez exacte de la *salle des morts,*
au deuxième étage de l'hôpital de l'*Espérance.*

Y étant entré, un jour, pour y *reconnaître* le corps
d'un de mes camarades tué à mes côtés, que je
désirais qu'on n'inhumât pas dans la fosse commune, grande fut ma surprise en le voyant là,
toute la partie gauche de la face emportée, car il
était tombé frappé par des éclats d'obus qui lui
avaient labouré la cuisse et ouvert le ventre, la tête
étant restée intacte. « Ce sont les rats », me dit
froidement le préposé au service.

De la salle des morts, les cadavres enveloppés de
grosse toile étaient, en majeure partie, entassés sur
une grande voiture et transportés à l'hôpital militaire du faubourg, où l'on centralisait les rende-
ments journaliers. Au bout de deux, trois jours, on
enlevait la masse des cadavres pour les enfouir
dans la fosse commune, rouverte pour chacune de
ces fournées.

C'est au vallon, situé entre les forts de la Justice
et de la Miotte, que se faisaient ces enterrements
sommaires. C'est là que le sol recèle des ossements
dont la présence est accusée simplement par de
vastes *tumulus.* Sur les noms, les souffrances, le
courage, la fin glorieuse et obscure, plane le silence.
Rien ne rappellera au passant l'individu ; tout lui

rappellera la défense de Belfort, la défense de l'Alsace, la défense de la France.

Tels étaient les ensevelissements ordinaires, les
ensevelissements en bloc. Les ensevelissements indi-
viduels en différaient peu. Parfois, quand un mort
avait laissé après lui des camarades, des amis de la
famille, ils cherchaient à remplir les derniers devoirs envers lui : ils l'affranchissaient de la fosse
commune, en préparant une tombe sur laquelle pourraient venir pleurer ceux qu'il avait aimés, ou même
un cercueil plombé qui permît de transporter ses
restes. Alors il fallait avant tout le *reconnaître,* c'est-
à-dire le faire mettre de côté, afin qu'il ne fût pas
compris dans une hécatombe ; puis, quand le cercueil était prêt, que l'on était au moment de partir,
à la tombée de la nuit, quelquefois, dans un cor-
ridor de l'hôpital, un prêtre donnait à la hâte la
bénédiction suprême, ensuite disparaissait pour
aller des morts aux mourants. Un petit cortége
sillonnait à travers la brume le sol blanchi par la
neige ou détrempé par le dégel. Quelques instants
après, les camarades revenaient sans leur fardeau.
Tout était dit ; il y avait de nouveau une existence
dans le gouffre.

Mais ces enterrements, malgré toutes les précautions prises, exposaient toujours un certain nombre
d'hommes. Les projectiles tombaient sans relâche
et les lignes ennemies étaient à proximité du cime-
tière. Aussi fallait-il, pour chaque cas, demander une
autorisation au gouverneur. Le 2 février, il la refusa
à l'occasion de l'enterrement d'un sous-officier de
l'artillerie du Haut-Rhin. Il y avait trop d'artilleurs
qui étaient tués sur les remparts mêmes, disait-il.

Souvent ces simulacres eux-mêmes manquaient complétement. Dans les postes avancés, plus d'un soldat tombé resta sur place. Il était trop dangereux de circuler aux abords. Il en est plus d'un qui, aux Perches, en se garant à l'arrivée d'une bombe, s'aperçut qu'il était côte à côte avec un cadavre couvert de boue.

Oh ! qu'ils sont coupables celui, ceux dont la téméraire ambition et l'imprévoyante folie ont précipité notre Alsace dans cette décimation effroyable de ses plus virils enfants, — prélude de maux plus grands qui devaient la détacher de la mère patrie...

Mais momentanément, je l'espère bien.

C'est cet espoir seul qui peut retenir la larme que je sens prête à tomber sur ce papier, empreint des tristesses que j'écris.

Sunt lacrymæ rerum !

CHAPITRE V.

LE DÉNOUMENT.

L'ÉVACUATION DES PERCHES [1].

Nous sommes au 1er février 1871.

Le cercle des assiégeants s'est extrêmement rétréci. Le bombardement est plus violent que jamais.

Nous avons vu que les Prussiens ont, dans le courant du mois de janvier, changé leur plan d'attaque; qu'ils ont, pour ainsi dire, abandonné Bellevue et les Barres, et dirigé leur principal feu sur les Perches.

Or les Perches se trouvent entre Danjoutin au sud et Pérouse à l'est, deux villages qui sont entre les mains de l'ennemi.

Les Perches dominent le Château. Le Château

---

1. Le 10 février, une note signala la belle conduite des conducteurs d'artillerie pendant tout le siége, notamment lors de l'enlèvement du matériel des Perches.

une fois mis hors d'état de prolonger la résistance,
c'en est fait de Belfort.

Voulant s'emparer à toute force des Perches,
l'assaillant a tenté un assaut. Il n'a pas réussi. Depuis, il travaille à une énorme tranchée reliant les
deux villages occupés, et des parallèles sont spécialement dirigées vers chacun des forts. Une opiniâtreté incroyable hâta l'exécution de ces travaux, à
l'efficacité lente, mais sûre[1].

D'autre part, ces forts, étant principalement des
ouvrages en terre, devenaient de moins en moins
tenables, par suite de l'action continue des éléments,
et du tir qui devenait de plus en plus formidable.

Aussi n'y était-on pas à poste fixe. Différentes
compagnies d'infanterie et différentes batteries d'artillerie devaient se relayer pour ce service extraor-
dinairement pénible et dangereux.

Arrêtons-nous-y un instant.

Un des souvenirs les plus tenaces que nous autres
jeunes gens ayons gardé de l'histoire des guerres,
c'est-à-dire de la presque totalité de l'histoire de l'humanité, est certainement celui de la retraite de Mos-
cou. Cette terrible lutte contre les éléments coalisés
avec l'ennemi est gravée dans la mémoire de tous,
sous l'image de longues files d'hommes sillonnant
silencieusement, au milieu de la neige qui tombe
et de la neige qui couvre le sol, d'immenses steppes
arides, dont les rares accidents de terrain cachent

1. Pourtant le 1er février dans la nuit, il y eut une petite alerte
de ce côté. Une cinquantaine de Prussiens, qui s'étaient aventurés
près des forts, provoquèrent une fusillade qui ne tourna pas à leur
avantage. Mais ils s'en tinrent là.

des embuscades harcelant les bandes et achevant les traînards.

Un spectacle qui peut donner une idée, — affaiblie et incomplète, il est vrai, — des marches de cette campagne est celui que présentaient les flancs des Hautes et des Basses-Perches, lors d'un changement de la garnison de ces forts.

Le 4 février 1871, de grand matin, par un temps de brume et de dégel, environ deux cents hommes de l'artillerie du Haut-Rhin traversèrent avec armes et bagages la ville de Belfort, sortirent par la porte de France et se dirigèrent du côté du Fourneau.

Arrivés là, ils s'arrêtèrent. Ils n'avaient cessé de cheminer en silence; mais, quand ils se furent rangés à l'extrémité du faubourg, un silence plus complet encore leur fut intimé. On fixa plus solidement les gamelles pour les empêcher de tinter, et on tint ferme les fusils pour prévenir tout choc. Comme dernier avertissement, on leur dit: « Songez que vous passez à trois cents mètres des Prussiens. »

Un premier détachement s'ébranla et reprit la marche d'un pas assourdi. Il allait aux Basses-Perches. Le second détachement partit quelques minutes après et obliqua vers la gauche. Il allait aux Hautes-Perches. Les deux devaient relever de leur poste les artilleurs de la Haute-Garonne, qui se trouvaient dans ces forts à ce moment-là.

Pendant une demi-heure environ, de longues traînées de petites masses noires gravirent la pente neigeuse qui conduit à ces deux ouvrages avancés. L'obscurité de la nuit, qui régnait encore, et le brouillard du matin qui s'avançait, permettaient à peine de les distinguer. On se serait cru dans un

coin de la Russie. Quelques bombes tombant çà et
là dispersaient les groupes. Si l'ennemi avait été
averti de ce passage par quelque bruit, une dé-
charge de mitraille et de mousqueterie les aurait
abattus : ils étaient complétement à découvert.
On marchait donc silencieusement. De temps en
temps, le pied s'enfonçait dans un énorme trou plein
de boue, dû à une bombe, ou bien s'embarrassait
dans le fil télégraphique qui communiquait jadis
avec le Château.

Ceci se passait le 4 février.

Déjà, au commencement du mois, les Perches
étaient dans un état lamentable, et la situation
devenait des plus critiques. Les bombes pleuvaient
plus dru que jamais, et les tranchées s'étaient tellement rapprochées, que, du haut des bastions, on
entendait les coups de pioche des sapeurs, et que les
sentinelles échangeaient quotidiennement des coups
de fusil. Bien souvent, des balles parties de ces travaux d'approche vinrent siffler jusque dans le Château et même par-dessus la ville.

Les bombes mutilaient les épaulements, démolis-
saient les embrasures et démontaient les pièces, en
même temps que la neige détrempait le sol au dégel.
Bref, toutes les élévations de terrain s'affaissaient.
Les forts étaient devenus un vaste pétrin de boue
près d'être démantelé.

Le 4 février, le gouverneur considérait la position
comme intenable. Exposés à un feu convergent, les
soldats couraient autant de dangers dans n'importe
quelle partie de ces forts qu'aux pièces mêmes. On
exposait mille fois sa vie pour aller chercher de
l'eau à l'étang qui se trouve au bas. Il était presque

impossible de faire la cuisine, car il n'était pas question de la faire dans les abris déjà trop exigus pour le nombre de ceux qui les habitaient. Une tranchée reliant les Hautes et les Basses-Perches avait dû être creusée pour éviter de trop nombreux accidents.

Le gouvernement avait donc donné l'ordre, en cas d'attaque, d'en repousser les premières tentatives pour faire du mal à l'ennemi, mais, si l'attaque se poursuivait, de se replier avec les pièces transportables.

Les assiégeants se bornèrent à lancer le contingent ordinaire de projectiles et à continuer leurs parallèles avec ardeur.

On se mit donc à enlever des forts les projectiles qui se trouvaient encore dans les poudrières. En même temps, on tira sur l'ennemi pour le gêner dans ses travaux.

Malgré les cornes des guetteurs qui annonçaient l'arrivée des bombes, il y eut quelques tués et quelques blessés. Mais il n'y eut aucune explosion à déplorer; et pourtant on chargeait les voitures à découvert.

Lorsque les projectiles eurent été emportés (c'est-à-dire le 5 février), on enleva les pièces dont l'affût permettait le transport. Quelques-unes étaient complétement démontées; elles furent enclouées [1].

Le 5 février, au soir, on partit pour ne plus revenir. Seules restèrent quelques compagnies du 45e

---

1. La veille, aux Hautes-Perches, on avait remplacé la roue d'une de ces pièces pour pouvoir s'en servir. Dans la journée du 5, l'affût fut complétement brisé; ce détail donne à penser sur la situation de ces forts.

et du 84ᵉ, qui continuèrent à monter la garde pour faire croire aux Prussiens que les forts étaient encore occupés.

On savait combien critique était la situation qui avait motivé l'évacuation. On savait qu'il fallait s'y attendre. Et pourtant cette nouvelle fit une pénible impression sur la population, car c'était un pas en arrière.

On osait espérer que l'ennemi, trompé par la vue des sentinelles, n'occuperait pas de suite les forts abandonnés. Mais, au bout de deux jours, les compagnies d'infanterie qui y étaient restées de grand'-garde s'en retournèrent après une petite escarmouche, et les Prussiens prirent possession des Perches. On est porté à croire qu'ils avaient été informés de la situation réelle pas des déserteurs : jeunes gens de dix-sept, dix-huit ans, engagés dans le 45ᵉ, Alsaciens pour la plupart, qui étaient découragés par le rude service qu'ils avaient à faire et par l'idée que l'Alsace était irrévocablement annexée.

Le feu foudroyant du Château accueillit les Prussiens qui s'établirent aux Perches. Ils firent des pertes considérables; mais, en comblant les vides au fur et à mesure qu'ils se produisaient, et n'ayant d'ailleurs plus rien à redouter des Perches mêmes, ils parvinrent à établir sur le revers des pièces de très-gros calibre.

BRUITS ET RUMEURS ; ON VA AUX INFORMATIONS.

Le courrier qui nous avait apporté la nouvelle de l'insuccès de Bourbaki près de Belfort nous avait donné connaissance, mais en termes mitigés, de l'affaire du Mans et du *statu quo* de Paris. Depuis lors, les coureurs ordinaires n'osaient plus guère s'aventurer. Mais un Belfortain, M. Marie, eut le courage de s'offrir au préfet pour chercher des nouvelles. Il partit, fut arrêté et ne dut son salut qu'à sa présence d'esprit et à la chance de circonstances fortuites extraordinaires. Le 24 janvier, il revint avec des nouvelles; mais elles remontaient au 18.

Il arriva pourtant quelques journaux. Nous eûmes notamment connaissance d'un virulent article du *Siècle* contre le général Trochu. Nous apprîmes également le *bombardement* de Paris. — Certaines gazettes allemandes nous annoncèrent de grands revers par nous subis de tous côtés. Les prisonniers étaient porteurs de journaux qui paraphrasaient l'affaire du Mans, nous la représentant comme une grande défaite, tandis que nous l'appelions l'évacuation du Mans.

Mais la question capitale, la préoccupation absorbante était la pensée de l'armée de Bourbaki. Qu'était-elle devenue? Son départ de Belfort n'impliquait pas nécessairement un désastre; et, au moyen d'habiles mouvements, ne pourrait-elle pas revenir nous tendre la main? L'on cita comme un bruit vague, mais très-vraisemblable, la nouvelle de succès par lui remportés aux environs de Dôle ou de Mouchard. On parla même de Thann. Parfois l'on croyait entendre au loin des coups de canon, et déjà l'on se réjouissait.

Cependant, petit à petit, les rumeurs les plus alarmantes s'infiltrent, pour ainsi dire, de tous côtés. Les dires d'un Prussien fait prisonnier à Bellevue, des dépêches manuscrites qui sont cen-

sées provenir de villages voisins, sont répandus.
On ne parle plus d'opérations éloignées de Bourbaki ; il est question de l'anéantissement de son
armée. On a oublié le bombardement de Paris ; on
prononce les mots de capitulation et d'armistice.

Ce dernier bruit surtout paraît absurde, contra-
dictoire. Est-ce qu'une capitulation de Paris doit
entraîner un armistice dans la France entière ? Et
qu'est-ce qu'un armistice au milieu duquel tonne
le canon, celui de Belfort ?

Pour rassurer les esprits, on rappelle de nouveau
le siége de Mayence et les faux *Moniteurs* que les
assiégeants firent parvenir dans la ville.

Mais tous ces bruits n'en prennent pas moins de
la consistance. On sait qu'en haut lieu on les
accueille, sous toutes réserves, il est vrai, mais qu'on
les accueille.

Et lorsque des dames de Belfort, qui avaient
essayé de franchir les lignes, revinrent, racontant
que les journaux qui s'étaient trouvés sous leurs
yeux confirmaient pleinement tous les dires, l'inquiétude fut à son comble. Le gouverneur jugea
alors à propos de chercher à s'enquérir par tous
les moyens possibles de la véritable situation.

Le 4 février, il envoya au général de Tresckow un
parlementaire. Il lui exprima le vœu d'envoyer à
Bâle un officier pour conférer avec le gouvernement français. L'autorisation fut immédiatement
accordée. Le capitaine d'état-major Châtel partit.

Cet empressement était le coup de grâce pour
l'incertitude dans laquelle se complaisaient les
esprits. On ne pouvait plus douter des malheurs de
la France.

Le même jour (5 février) on apprit en ville que les Perches avaient dû être évacuées, que par conséquent la défense entrait dans une phase des plus critiques, et que la population civile était plus que jamais à la discrétion des bombes.

Quelques jours après, un de nos parlementaires apporta le texte de la convention relative à la capitulation de Paris et à l'armistice. On vit que réellement Belfort, avec une certaine région de l'Est, était exclu de l'armistice. Mais si cette anomalie était prouvée en fait, il était difficile de l'expliquer.

On se disait bien qu'à l'époque de la signature de la convention, les chances pouvaient paraître égales entre les belligérants dans l'Est. Mais, cette hypothèse fût-elle vraie, la situation d'alors, pour une raison ou pour une autre, ne s'était pas maintenue. Si donc cette mesure d'exception y avait trouvé sa raison d'être, ne devait-elle pas disparaître avec elle ? — Ah, c'est que les Prussiens donnent la clef de bien d'étranges choses !

En même temps que le texte de la convention, M. Krafft apportait des listes électorales du Haut-Rhin. Le résultat du vote ne put qu'être favorablement accueilli, et pour la valeur personnelle des élus[1], et comme manifestation antiprussienne faite à la barbe de l'ennemi. A ce dernier titre, le choix des électeurs fut heureux — et flatteur pour nous — en se portant sur M. Denfert. Ce nom symbolisait Belfort, et Belfort représentait la plus vigoureuse

---

1. Gambetta, Keller, Grosjean, Denfert, Tachard, Titot, Louis Chauffour, Hartmann, Scheurer-Kestner, A. Kœcklin-Steinbach, Rencker.

protestation de l'Alsace. Un regret s'y mêla. On eût aimé voir ajoutées aux voix de M. Grosjean les voix belfortaines.

Peu après arrivèrent de nombreux journaux qui corroboraient une fois de plus toutes les nouvelles.

M. Denfert ne pouvait songer à quitter son commandement. M. Grosjean partit, emportant les vœux de Belfort. Les Prussiens n'opposèrent aucun obstacle à sa sortie.

Avant de partir il donna une nouvelle preuve de la sagesse qui l'avait tant fait apprécier. Il remit ses pouvoirs à M. L. Stehelin, en termes très-flatteurs pour ce dernier, d'autant plus qu'ils sont l'expression fidèle de la vérité [1].

PARIS, LA FRANCE ET BELFORT.

Ainsi donc les graves nouvelles furent confirmées pendant le voyage même de M. Châtel. Néanmoins il resta la grande préoccupation du moment, le *lion* du jour ; c'est par son nom, prononcé d'un air interrogatif, qu'on se saluait en s'abordant. Pour croire à toute la masse d'accablantes nouvelles qui l'écrasait, l'esprit exigeait une surabondance de preuves. L'on se disait aussi tout bas que notre envoyé avait moins à relater l'état des choses en France qu'à discuter la position de Belfort vis-à-vis de la France.

Elle était bien bizarre et bien douloureuse, cette situation réciproque.

Se dire abandonnés, seuls et sans appui, bientôt

1. Voir aux *Documents officiels*.

à bout de forces, après le désastre de l'armée de secours ; se voir, après la défaite de toutes nos armées, seuls à faire entendre le canon au milieu du silence d'un armistice ; se sentir, par les termes de la capitulation de la capitale, entraînés avec le pays entier sous les fourches caudines..; tout cela était désespérant.

Mais, s'il y a des désespoirs qui affaissent le moral et découragent les bonnes volontés, il y a des désespoirs qui ravivent l'énergie, exaltent le courage et font mépriser le danger.

A Belfort, les deux sentiments se firent jour.

Il y eut un moment où plusieurs se sentirent défaillir. Un terrible mot sortit de quelques lèvres, — mot énervant, parce qu'il met, en regard de la difficulté des moyens, l'impossibilité de parvenir à la fin ; — mot désastreux parce qu'il sape par le doute le fondement de bien des sacrifices. — « A quoi bon ? disaient-ils. A quoi bon ? La France nous abandonne, Paris entraîne la France dans sa ruine, et l'insolent conquérant n'a plus qu'une pensée et qu'un sentiment : Malheur aux vaincus ! Nous sommes abandonnés ; nous serons repoussés. »

Mais un autre mot fut aussi prononcé, un mot qui devint le cri de ralliement et qui raffermit les cœurs. « Belfort peut résister encore. Belfort résistera jusqu'à la paix. Quelques jours à peine le séparent de la récompense de ses longs efforts. Si près du but, même si les obstacles sont plus grands que partout ailleurs, on ne se décourage pas, on recueille ses forces. Si les Prussiens, voulant à tout prix nous dompter, commettent la lâcheté de nous refuser le bénéfice de l'armistice, nous tiendrons jusqu'à la paix. Après les sacrifices qui ont déjà été faits, pourquoi s'arrêter? Que tout soit perdu, fors l'honneur ! »

Cet armistice, nous ne devions pas l'obtenir. Ce que la capitulation de Paris avait refusé à Belfort, — mais au milieu de circonstances exceptionnelles, — ce que M. Châtel tentait de faire donner par une intervention diplomatique, M. Denfert essaya de l'obtenir directement de l'assaillant. Le capitaine du génie Krafft se rendit en parlementaire au quartier général ennemi. Le général de Tresckow refusa net, prétextant qu'il devait s'emparer de Belfort dans le plus bref délai. Il aspirait, lui aussi, à une entrée triomphale. Furieux de notre résistance, qu'il n'avait pu briser, il s'obstinait sans doute à ne vouloir partir qu'avec des lauriers, et craignait peut-être que, les mains vides, Berlin ne l'accueillît comme Carthage accueillait les généraux vaincus.

Je me souviendrai toute ma vie de l'impression que nous causa, à nous tous soldats, la lecture de l'ordre du jour qui nous annonçait la résolution de l'assiégeant.

Le gouverneur relatait ses négociations avec le général de Tresckow, nous mettait en garde contre les coups de main et les surprises probables, et promettait la croix d'honneur et la médaille militaire à ceux qui se distingueraient dans la résistance à ces attaques.

Chacun sentait qu'une glorieuse responsabilité lui incombait.

L'ordre du jour est daté du 9 février, je crois.

M. Châtel n'était pas encore revenu.

LA SOIRÉE DU 13 FÉVRIER : AVANT, PENDANT ET APRÈS.

Depuis la perte des Perches, conséquence fatale des derniers efforts de l'assiégeant, la situation de la défense avait empiré dans une progression effrayante.

Les Perches, se reliant aux deux villages de Pérouse et de Danjoutin, constituaient un front d'attaque formidable. Quoique la place tirât sur ces hauteurs, elles-mêmes n'étaient plus dangereuses pour l'assiégeant ; bien plus, elles lui donnaient protection. En même temps que, se rapprochant sur la ligne, entre Danjoutin et les Basses-Perches, il y établissait des batteries, et qu'il fortifiait l'intervalle de Pérouse et des Hautes-Perches, il installait, au revers de ces hauteurs mêmes, force batteries composées principalement de mortiers, et presque toutes dirigées contre la ville [1]. C'était un travail gigantesque [2].

1. Voici ce que dit M. de Perrot : « Les Perches prises, les forts de Bellevue et des Barres étaient dominés, et ils avaient assez souffert pour ne plus inquiéter sérieusement les batteries allemandes élevées sur les hauteurs des Perches et armées de pièces de 24 liv., et qui évidemment auraient en peu de jours réduit au silence les forts du Château et de la Justice. » (Ch. XIII. *Attaque et défense des places. — Op. cit.*)

En effet, la Justice recevait les feux croisés de divers côtés. — L'ennemi fit également un essai du côté du Salbert. Il n'y put monter que des pièces de campagne ; leur portée relativement insignifiante ne leur permit d'atteindre à aucun résultat sérieux. — En même temps on annonçait qu'il se fortifiait de nouveau du côté de son premier centre d'attaque, c'est-à-dire vers Bellevue et les Barres.

2. Pour donner une idée des pentes sur lesquelles furent élevées

La distance qui le séparait de nous était si réduite que c'est avec des balles que l'on redoubla les hostilités. Un feu nourri était ouvert. contre l'entrée des casemates du Château et sur le pont du faubourg de France.

Les balles arrivaient, mais sans préjudice des gros calibres. Les bombes pleuvaient. Le pont qui relie l'enceinte intermédiaire du Château au Cavalier fut détruit ; on le remplaça par quelques madriers, qui chaque soir étaient abîmés. L'artillerie du Château dut être renforcée.

La ville et les faubourgs furent affreusement maltraités. Les premiers jours de février furent signalés par des dégâts faits dans des maisons jusquelà peu éprouvées, et par de nombreux incendies, entre autres celui du théâtre.

Dans la nuit du 15, le feu se déclara à la maison des sœurs et prit rapidement une énorme extension. Elle est située près de l'arsenal. Le fait était donc très-grave. Mais on parvint à circonscrire le feu.

On remarqua dans ces occasions peu ou point d'empressement, des hésitations même, de la part de certains de ceux que le devoir appelait sur le lieu du sinistre. Ces défaillances firent ressortir davantage le courage d'un grand nombre d'autres, notamment du maire, qui, une nuit, la tête coiffée d'un casque de pompier, se distingua entre tous par son ardeur et son audace.

les parallèles (dirigées contre les Perches), je dirai qu'il fallut, pour gravir ces pentes et armer les batteries allemandes construites à leur sommet, 20 chevaux et 50 hommes pour traîner chaque pièce de 24 livres. (*Ibid.*)

J'ai dû avouer qu'à l'incendie du 15 il y eut des défaillances coupables. Mais que le lecteur se rappelle dans quel pénible état matériel et moral se trouvait alors Belfort. Qu'on les blâme, mais que le blâme ne soit pas excessif.

D'ailleurs, les autorités n'ont-elles pas aussi contribué à l'affaissement de certaines énergies? — On sait et l'on savait alors déjà que, quoi qu'il arrivât, la défense de Belfort touchait à son terme. Mais était-il urgent de mettre en vente, comme on le fit, les approvisionnements militaires? Fallait-il accentuer qu'une solution était prochaine et faire croire ainsi qu'elle allait être immédiate?

Il est vrai que les officiers n'avaient pas touché leur solde de janvier. Personne ne conteste qu'il y eut à Belfort un superflu énorme de vivres et qu'on put par conséquent, — on l'aurait pu déjà auparavant, — faire entrer de l'argent dans la caisse publique par la vente d'une certaine quantité de denrées. Je ne me permettrai pas de décider si, en février, il était nécessaire ou non de battre monnaie. Remarquons toutefois que M. Grosjean est parvenu à faire un emprunt de 80,000 francs pour compléter la solde des troupes.

Toujours est-il que ces mesures non-seulement parurent des précurseurs d'une solution prochaine, mais encore donnèrent à penser que les chefs posaient, eux aussi, la désolante interrogation : A quoi bon? et y répondaient négativement[1].

1. En même temps on découvrait les casernes. Les matériaux du toit consolidaient le dessus du bâtiment et le préparaient ainsi à affronter la mise à exécution des menaces de Tresckow. Malheu-

Et tout cela, quand on savait les négociations d'armistice repoussées par Tresckow et que M. Châtel n'était venu donner aucun résultat de la démarche qu'il tentait auprès de plus puissantes interventions.

Le 13 février, M. Châtel n'était pas encore revenu.

Pour la centième fois recommencèrent les conjectures sur la prolongation inattendue de son absence. Mais personne ne pouvait en démêler l'écheveau embrouillé. Serait-il allé à Bordeaux pour expliquer de vive voix au gouvernement l'objet de sa mission ? Cette opinion s'accrédita, mais il n'en était rien : M. Châtel était resté à Bâle.

L'après-midi du 13, le tir ennemi se relâche. Les uns n'y prennent pas garde, d'autres en concluent que l'ennemi ne travaille que plus activement.

Le soir, vers 8 heures, un frémissement extraordinaire parcourt toute la ville, d'autant plus perceptible qu'il surgit du milieu d'un silence parfait de la part des canons. Quelques cris de joie s'y mêlent. De tous côtés la foule se répand et circule dans les rues.

Qu'est-il arrivé ?

Le mot d'« armistice » se dit et se répète.

Interrogez ces soldats qui se dirigent encore en toute hâte vers certains ouvrages. Ils ont à la main

reusement les habitations civiles devaient être d'autant plus exposées. Les toits des casernes, étant très-élevés, épuisaient ou au moins amortissaient la force de maint projectile et empêchaient souvent sa course de se prolonger jusque dans la ville.

un papier qui porte : « Cessez le tir, même la fusillade. »

C'est là l'unique clef de l'énigme. Elle n'est pas
très-satisfaisante, mais plus d'un officier ne connaît
pas, d'une façon positive, de plus amples indications.

Des explications passent de bouche en bouche.
On se raconte généralement que, le soir, un parlementaire ennemi avait encore, sous les plus fortes
menaces, sommé le commandant supérieur de
rendre Belfort; puis, qu'au même instant un courrier avait apporté un télégramme officiel d'après
lequel le gouvernement français et le gouvernement
prussien étendaient de concert le bénéfice de
l'armistice au rayon de l'Est primitivement excepté.
On se réjouissait de voir ce tour d'escamoteur dou-
blement impuissant.

Mais peu à peu la joie universelle, qui avait
accueilli la cessation du tir, fut empoisonnée par des
bruits lugubres. On apprit que Belfort devait être
remis entre les mains des Allemands, et que peut-
être... ils y resteraient. On apprit que de *hautes
considérations* avaient amené la reddition de la place.
On se dit que ces considérations ne pouvaient être
autre chose que le refus de l'ennemi de traiter de
la paix, à moins d'avoir ce nouveau gage. Une fois
de plus on maudit la Prusse et l'on plaignit la
France.

Il y eut pourtant des démonstrations de joie qui
continuèrent encore, et même qui se prolongèrent
jusque dans la nuit. Soit par ignorance stupide des
amertumes que comportait la situation, soit par
contentement éhonté de la disparition du danger,

il y eut du scandale ce soir-là. C'est un aveu
pénible à faire. Mais ce scandale fut remarqué et
aussitôt flétri par le sentiment général, preuve que
les cas en étaient rares.

Telle fut à Belfort la soirée du 13 février 1871.

Voici la cause de ce changement à vue :

M. Châtel n'était pas revenu avec des instructions. — Mais, vers le soir, un parlementaire prussien était venu apporter l'incroyable factum suivant :

Bourogne, 13 février 1871.

Honorable Commandant,

Suivant votre désir du 4 de ce mois, j'ai consenti au voyage
que le capitaine Châtel ferait à Bâle pour s'informer sur l'état
des choses en France.

Je n'ai pu donner suite à votre demande d'armistice du 8
jusqu'au retour de cet officier, sans perdre le bénéfice de ma
prise de possession des Perches ; mais j'ai ralenti mon feu
dans l'attente du prochain retour du capitaine Châtel. Ce
retour, autant qu'il est en ma connaissance, n'a pas encore été
effectué. Attendre plus longtemps serait négliger la mission
qui m'a été confiée. Je vais donc recommencer mon attaque
de la façon la plus énergique.

Je sais que les nouveaux moyens dont je dispose coûteront
énormément de sang et la vie à beaucoup de personnes
civiles. C'est pourquoi je considère comme un devoir, avant
de recommencer mon attaque, de vous prier de vouloir bien
de nouveau peser si le moment où vous pourrez me rendre
la place avec honneur n'est pas actuellement venu.

Je me suis établi sur les Perches, et je possède maintenant
les moyens nécessaires pour détruire le Château. Il n'y a plus
à compter aujourd'hui sur une levée de siége. Non-seulement suivant mon opinion, mais aussi suivant l'opinion d'au-

torités françaises, comme selon le jugement qui a été porté, le 10 mars 1869, par une commission réunie à cet effet sous la direction du général Frossard, le Château ne pourra pas tenir longtemps contre les batteries installées sur les Perches, et, pour me servir de l'expression même de la commission, la prise du Château terminera toute résistance. Il m'a été tracé un chemin que je suis forcé de suivre. Belfort ne sera plus à sauver pour la France, c'est de vous seul qu'il dépend maintenant d'épargner, par la conclusion d'une capitulation honorable, une plus grande effusion de sang. Je serais tout disposé, en raison de votre héroïque défense, à vous faire des conditions très-favorables.

Je suis obligé de vous laisser, à vous seul, le soin de juger s'il convient de rendre la place; mais ce sera aussi sur vous seul que retombera la responsabilité, dans le cas où vous me contraindriez de réduire Belfort en un monceau de ruines et d'ensevelir les habitants sous les débris de leurs maisons.

Je n'attends pas de réponse précise, mais j'attendrai douze heures avant de recommencer mes attaques renforcées. Si d'ici là je ne reçois pas de vous une proposition acceptable, je ne reculerai pas devant les mesures les plus extrêmes, certain que, pour accomplir ma mission, un seul chemin m'est tracé.

Signé : DE TRESCKOW.

Cette lettre, qui d'ailleurs ne fut pas communiquée, n'apprenait rien de nouveau, sauf le ralentissement du tir ennemi depuis le départ de M. Châtel. Personne ne s'en doutait, et personne, aujourd'hui, en scrutant sa mémoire, ne voit coïncider ses souvenirs avec les affirmations du général allemand. Ce qui fut rendu public, c'est la pièce suivante qui fut affichée le lendemain :

Belfort, 13 février 1871.

M. le colonel commandant supérieur vient de recevoir communication de la dépêche suivante :

Bourogne, de Versailles, 11 heures du matin.

Au général de Tresckow, commandant les troupes devant Belfort.

Le gouvernement français me transmet pour le commandant de Belfort le télégramme suivant que je vous prie de communiquer par parlementaire :

Le commandant de Belfort est autorisé, vu les circonstances, à consentir à la reddition de la place.

La garnison sortira avec les honneurs de la guerre, et emportera les archives de la place ; elle ralliera le poste français le plus voisin.

Pour le ministre des affaires étrangères :

ERNEST PICARD.

Pour copie conforme :

Le colonel commandant supérieur de la place de Belfort,

DENFERT.

Une suspension d'armes provisoire a été immédiatement stipulée.

Un officier d'état-major vient d'être envoyé à Bâle pour obtenir la confirmation directe de cette dépêche par le gouvernement français.

Pour le préfet et par délégation,

Signé : LÉON STEHELIN.

Le 14, Belfort se réveilla enfin sans accompagnement du concert à mitraille habituel. Ce silence produisait un effet singulier. On eût dit qu'il manquait quelque chose à la physionomie normale de la ville.

On sortait d'un cauchemar, mais pour retomber dans un autre. Les préoccupations sur la situation réelle furent plus vives que jamais et entretenaient une inquiétude vague, mais poignante.

Le spectacle des ruines, que tous pouvaient maintenant visiter à leur aise, n'était pas fait pour chasser les idées noires.

On pouvait sortir pourtant sans danger pour sa vie ; et certes l'on en appréciait le charme.

Mais on avait mal à l'âme.

Ce fut donc un coup d'œil plein de contrastes qu'offrit Belfort le 14 février 1871 et les jours suivants.

L'intérieur de la ville regorgeait de promeneurs ; et qui s'aventurait du côté de Danjoutin pouvait jeter un coup d'œil sur les formidables batteries prêtes à tout anéantir. L'on voyait également les Prussiens qui se montraient sur les Perches, contemplant leur œuvre.

Et les habitants se disaient, en frémissant, qu'ils ne tarderaient pas à pénétrer jusque dans la ville.

Car, dès le premier moment, l'on ne doutait pas de la confirmation de la dépêche de M. Picard qu'était allé chercher M. Krafft. Il ne tarda d'ailleurs pas à revenir, l'apportant effectivement. Il était accompagné de M. Châtel.

Les négociations furent aussitôt entamées. Les conditions et la reddition de la place se traitèrent à Pérouse, sur les bases indiquées par la dépêche officielle.

Pendant ce temps, les préparatifs de départ se poursuivaient. On vendit encore des vivres. On distribua divers objets, et tout cela au milieu de la confusion que présente ordinairement une place aux derniers jours de sa défense.

On distribua notamment aux officiers un grand nombre de cigares qui se trouvaient à l'entrepôt de Belfort. Ils les recevaient contre bons remboursables. Malheureusement ils ne suffirent pas à tout emporter : un grand fonds de magasin devint la proie de l'ennemi. Les simples soldats n'avaient pas été admis à la curée.

Enfin, — signe caractéristique, — bientôt on vit arriver les voitures de réquisition que les Allemands étaient tenus de fournir. C'est sur elles que nous devions emporter des vivres, des bagages, les archives de la place, etc. Par sa ponctualité, l'ennemi manifestait son impatience de s'introduire dans Belfort.

COURANTS D'IDÉES.

Il y a des gens qui n'aiment pas se payer de mots. Même ils sont nombreux.

Or, malgré l'accablement qu'avait produit l'annonce des désastres de la France et de l'exclusion de Belfort de l'armistice, tout courage n'était pas perdu. A la veille de voir leur lutte couronnée de succès, habitants et soldats ne se seraient pas refusés à un dernier coup de collier. S'il se trouva à Belfort, comme il s'en trouve dans toutes les villes assiégées, des gens qui lésinaient avec l'honneur et la patrie ; qui, attachés à leurs biens, n'avaient pas foi en la France, il en est d'autres, et de plus nombreux, qui n'avaient que leur sang à dépenser et dont la poitrine seule était exposée aux obus ; mais ils ne reculaient pas. Quiconque a été à Belfort le sait.

Et, lorsqu'il fut question de la reddition de la place, de généreuses susceptibilités furent blessées. Une reddition, quelque honorable qu'elle soit, est une reddition. Mais deux mots imposaient silence ; deux mots refoulèrent bien de tumultueux sentiments. C'étaient de *hautes considérations*, disait-on, qui entraînaient la chute de Belfort.

La responsabilité des défenseurs était ainsi mise à couvert.

C'est avec une attention fébrile que l'on épluchait les documents officiels. La première dépêche, celle de M. Picard, ne satisfit qu'à demi les esprits scrupuleux. La forme impérative du second alinéa ne concordait guère avec le terme d'*autorisation* du commencement. On vit avec satisfaction M. Denfert changer *autorisation* en *ordre*. — Voici sa proclamation :

Citoyens et Soldats,

Le gouvernement de la défense nationale m'a donné, en vue des circonstances, l'ordre de rendre la place de Belfort. J'ai dû en conséquence traiter de cette reddition avec M. le général de Tresckow, commandant en chef de l'armée assiégeante.

Si les malheurs du pays n'ont pas permis que la résistance vigoureuse offerte par la garnison, la garde nationale et la généralité de la population, reçût la récompense qu'elle méritait, nous avons pu du moins avoir la satisfaction de conserver à la France la garnison qui va rallier avec armes et bagages, et libre de tout engagement, le poste français le plus voisin.

Connaissant l'esprit qui anime les habitants de la ville, au milieu desquels je demeure depuis plusieurs années, je comprends mieux que personne l'amertume de la situation qui leur est faite. Cette situation est d'autant plus pénible qu'on prétend nous faire craindre qu'au mépris des principes et des idées modernes le traité de paix que nous allons subir ne consacre une fois de plus le droit de la force et n'impose à l'Alsace tout entière la domination étrangère.

Mais je reste convaincu que la population de Belfort conservera toujours les sentiments français et républicains qu'elle vient de manifester avec tant d'énergie. En consultant du reste l'histoire même du siècle présent, elle y puisera la légitime confiance que la force ne saurait longtemps prévaloir contre le droit.

Vive la France! Vive la République!

Belfort, le 16 février 1871.

Le colonel commandant supérieur,

DENFERT-ROCHEREAU.

Maintenant que, à tête reposée, on lit cette proclamation, on ne peut certes pas en tirer une indication nette et catégorique des circonstances qui motivaient la reddition de la place de Belfort. Il y est bien question des *malheurs du pays*. Mais le terme est vague. Il ne le paraissait pas le 16 février. Nous en tirions la conclusion, — qui d'ailleurs concordait avec le bruit public, — que Bismark refusait d'entrer en pourparlers de paix avant que Belfort ne fût livré.

Ce fut donc, dans l'opinion publique, un sacrifice fait à la patrie.

Seulement il fut triste pour nous d'apprendre que M. Denfert avait spécialement chargé M. Châtel de représenter au gouvernement que la défense était fortement entravée par la démoralisation venue à la suite des nouvelles de Paris et de la France. C'est sans doute en ce sens que M. Denfert entendait que « les malheurs du pays n'ont pas permis que la résistance reçût la récompense qu'elle méritait. »

Voilà ce que se disent ceux qui n'aiment pas à se payer de mots.

Il est également, dans cette proclamation, un passage qui impressionna douloureusement :. c'est celui qui faisait entrevoir l'annexion. Il n'en a heureusement rien été pour Belfort. La résistance ne fut pas entièrement frustrée de la récompense qu'elle méritait.

Ajoutons que, quoi qu'il en soit du motif déterminant de la remise de la place, il fut consigné, dans la convention conclue à cet effet, qu'elle se fît d'après les instructions du gouvernement français.

Un mot encore sur la population civile en général :

Le 13 février 1871 au soir, les hostilités cessèrent donc.

Ce jour-là était le soixante-treizième d'un bombardement sans trêve ni répit.

Après soixante-treize jours passés dans les caves ou dans des réduits assimilables aux caves, la population inoffensive put sortir en sécurité.

Soixante-treize jours s'étaient pour elle passés dans une atmosphère malsaine, devant un feu qui donnait souvent plus de fumée que de chaleur, et surtout, — c'était là un des grands tourments, — à la clarté de plus en plus insupportable d'une lumière artificielle. Les mieux portants sortirent le teint plombé, les yeux rougis.

Après soixante-treize jours, les moins favorisés pouvaient sans crainte aller respirer l'air pur et se reposer la vue à la lumière du jour... jouissances inappréciées par qui n'en a jamais été privé.

Le préfet intérimaire, M. L. Stehelin, rendit hommage en ces termes à leurs souffrances et à leur dévouement.

RÉPUBLIQUE FRANÇAISE.

Liberté, Égalité, Fraternité.

AUX HABITANTS DE BELFORT.

Citoyens,

Le préfet du Haut-Rhin, qui était venu partager vos périls et vos souffrances, ne se trompait pas en nous disant, le 3 décembre dernier, « qu'il ne se rencontrerait à Belfort ni un soldat ni un habitant pour trouver les sacrifices trop grands ou la résistance trop longue. »

Vous avez répondu à son attente et à celle du pays.

Le gouvernement de la défense nationale vient de rendre un éclatant hommage à votre héroïque patriotisme et au courage de ceux qui ont si vaillamment défendu vos remparts[1].

Le canon de Belfort est le dernier qui ait retenti en France ; l'Europe entière en a entendu l'écho.

Vous avez, pendant près de quatre mois, maintenu haut et ferme le drapeau de la République.

---

1. Voir à l'appendice la dépêche de la délégation de Bordeaux.

Aussi vous saurez souffrir avec dignité les épreuves du présent et attendre avec confiance les espérances de l'avenir.

Vive la France! Vive la République!

Pour le préfet et par délégation,

LÉON STEHELIN.

À l'arrivée de la grande nouvelle de la cessation du tir, la joie fut grande, nous l'avons vu, car on la croyait sans mélange. Bientôt on sut à quel prix on venait de rentrer dans la loi commune.

Alors on vit des femmes, qui étaient restées l'œil sec lorsqu'elles entendaient leur maison s'écrouler au-dessus d'elles, ou qu'elles apprenaient qu'elle était devenue la proie des flammes, on vit ces femmes, oubliant toutes leurs souffrances passées et toutes les misères qui les attendaient dans le cas de la prolongation de la résistance, on les vit pleurer sur la France, dont les soldats allaient quitter leur ville pour y faire place à des Prussiens qui n'avaient pas réussi à les vaincre.

Autre détail : — par une glorieuse bizarrerie, le déménagement qui commença à se faire à partir du 13 fut triste, tandis que celui du 3 décembre avait été gai.

D'ailleurs, parmi les habitants, il en est beaucoup qui, au sortir de la cave, ne trouvèrent pas dans toute leur maison une seule pièce convenable, et qui durent continuer l'existence odieuse de la cave.

Ceux-là étaient encore jusqu'à un certain point favorisés; car il en est d'autres qui avaient dû abandonner complétement leurs demeures, et qui à leur retour n'en retrouvèrent que des vestiges.

A l'heure qu'il est, on peut encore se faire une idée de l'intensité du bombardement, en visitant le faubourg du Fourneau, quartier qui a le plus souffert. Là, on verra encore des maisons où, après que les flammes se furent éteintes faute d'aliment, les projectiles ont continué l'œuvre de la destruction. On verra d'autres maisons qui n'ont pas été incendiées, et que les projectiles ont ravagées si terriblement qu'il est difficile de les distinguer des autres.

Il en est, parmi ces habitations, dont il ne reste plus guère que quatre pans de mur, où se sont nichées [1] tout tranquillement de ces bandes errantes de *ziginers* que l'on rencontre assez souvent en Alsace. Chose curieuse que de voir ces gens qui n'ont pas de patrie, ces citoyens de l'univers, demander asile à des ruines faites pour l'idée de patrie !

CHANGEMENT DE GARNISON.

Je ne m'étendrai pas sur les détails du départ de la petite armée de Belfort.

C'est, en somme, un triste souvenir.

Ce fut aussi un triste spectacle.

Les hommes apparaissaient fatigués, sous les uniformes les plus disparates et les moins réglementaires ; et leurs fusils ne rappelaient en rien les armes qui brillent aux grandes revues. Mais on s'en consolait en songeant à l'armée de Sambre-et-Meuse de la première République. D'ailleurs, on évacuait la place avec les véritables honneurs de la guerre :

---

1. Mai 1871.

le fusil sur l'épaule et la cartouchière au flanc. Les voitures fournies par les Prussiens accompagnaient. Six pièces d'artillerie furent également emmenées[1].

On partit par fractions de mille hommes environ. D'après les arrangements stipulés, les diverses colonnes devaient rester distantes de 4 kilomètres. Elles furent d'abord dirigées vers la Saône-et-Loire, puis sur Lyon qui préparait, disait-on, une réception magnifique. En définitive, on alla, par monts et par vaux, jusqu'à Grenoble. L'enthousiasme des populations les salua à leur passage.

Le départ des Français[2] s'effectua dans la journée du 17 et dans la matinée du 18 février.

Le 18, à midi, entrée des Allemands, musique en tête. Ils trouvèrent les rues et les places désertes.

Ce fut une journée de deuil pour Belfort.

Heureusement, ce n'est qu'un changement de garnison qui s'y fit; et bientôt les occupants actuels seront relevés de leur poste par qui de droit.

---

1. Plus de 40 pièces de siége et 100 affûts étaient hors de service, non compris les pièces égueulées ou qui avaient souffert.

2. Ils étaient au nombre de 12,000 environ. Un millier resta dans les ambulances.

APPENDICE.

DOCUMENTS OFFICIELS.

N° 1.

COMBATS DES 2 ET 3 NOVEMBRE.

Ordre de la place.

Le colonel commandant supérieur signale, après enquête, comme ayant mérité, aux yeux de leurs chefs et de leurs camarades, une mention spéciale dans les combats des 2 et 3 novembre, devant Roppe et Éloie, les militaires du 1er bataillon du 16e régiment provisoire dont les noms suivent :

M. Poupart, capitaine, commandant la 4e compagnie, qui, à Roppe, par sa ferme contenance, pendant trois heures, contre un ennemi très-supérieur en nombre, nous a assuré la possession du village ;

M. Carrey, commandant la 1re compagnie, qui a soutenu énergiquement le premier choc des forces prussiennes, et a donné au bataillon, par son noble exemple, de l'élan et de la confiance ;

M. Portalès, caporal à la 3e compagnie, blessé grièvement d'une balle au genou en allant relever, sous un feu très-vif, le garde Christy, blessé lui-même et gisant sur un terrain découvert ;

M. Debilly, lieutenant à la 3e compagnie, qui, résistant avec une section à plus de cinq cents uhlans, a protégé le flanc droit du bataillon, et a empêché le village d'être tourné de ce côté ;

M. Benoît, garde mobile à la 4e compagnie, qui a relevé au milieu d'un chemin, à quelques pas d'une maison occupée par l'ennemi, le fourrier de cette compagnie mortellement atteint, et est retourné une seconde fois chercher son arme.

Le colonel commandant supérieur fera connaître le nom de ces militaires au gouvernement de la défense nationale aussitôt qu'il pourra communiquer avec lui.

Belfort, le 7 novembre 1870.

Le colonel commandant supérieur,

DENFERT.

N° 2.

COMBAT DE BESSONCOURT.

Ordre de la place.

Au Commandant de place,

Le colonel commandant supérieur signale, après enquête, comme ayant mérité, aux yeux de leurs chefs et de leurs camarades, une mention spéciale dans le combat du 15, devant Bessoncourt, les militaires dont les noms suivent :

M. Lanoir, commandant du 2e bataillon du 57e de marche, tué à l'ennemi, dont la vigueur et l'élan pour entraîner ses soldats ont été au-dessus de tout éloge ;

M. Plançon, sergent-fourrier à la 1re compagnie du 84e de ligne, qui, assailli par une vingtaine de soldats prussiens, au moment où, après la retraite commencée, il enlevait un blessé, s'est jeté sur l'ennemi la baïonnette en avant et a eu la figure coupée d'un coup de sabre; disparu, probablement tué ;

M. Gaildraud, sergent-major de la 2e compagnie du

2ᵉ bataillon du 57ᵉ régiment provisoire, qui a fait tous les efforts pour entraîner ses hommes en leur donnant l'exemple de la fermeté et du courage;

M. Robert, soldat à la 4ᵉ compagnie du 84ᵉ, qui, après avoir été blessé au pied, a refusé de se rendre, et a continué à prendre part au combat jusqu'à la fin.

Le colonel commandant supérieur fera connaître les noms de ces militaires au gouvernement de la défense nationale aussitôt qu'il pourra communiquer.

N° 3.

ORDRE RELATIF AU 2ᵉ BATAILLON DE LA HAUTE-SAONE.

Dans la nuit du 3 au 4 décembre, le 2ᵉ bataillon de la Haute-Saône a donné l'exemple le plus déplorable. Les hommes, pour ne pas travailler, opposaient la force d'inertie ou s'esquivaient; plusieurs officiers, au lieu d'exciter leurs hommes et de leur donner l'exemple, se sauvaient et ne s'occupaient de rien, à tel point que le commandant, quelques officiers du bataillon et deux officiers du génie présents ont dû mettre la main à l'œuvre pour éteindre l'incendie qui menaçait les abris.

Dans cette situation, qui rend indispensable l'institution d'une cour martiale dans le bataillon, le commandant supérieur, obligé de pourvoir aux nécessités de la défense, prononce la dissolution du bataillon. Les officiers et sous-officiers de ce bataillon, signalés comme s'étant mal conduits, perdront, par suite de cette mesure, leurs grade et fonctions, et redeviennent simples gardes mobiles. Il sera formé un nouveau bataillon qui prendra le n° 2 du 57ᵉ régiment provisoire, et dont les cadres seront pris parmi les officiers et sous-officiers conservés et dans les autres bataillons de mobiles de la garnison. Les hommes seront également pris dans les autres bataillons.

Le présent ordre sera lu à toutes les troupes de la garnison.

N° 4.

ORDRE DU 20 DÉCEMBRE 1870.

La fête de Noël est tous les ans, principalement parmi les populations du nord de l'Allemagne, l'occasion de fêtes de famille où tout le monde se réunit autour de l'arbre, généralement un sapin, appelé arbre de Noël. Aux branches de cet arbre sont suspendus des cadeaux de toute nature qui se font, entre eux et aux enfants de tout âge, parmi les différents membres de la famille. La soirée se termine ordinairement par un repas autour de l'arbre.

Le commandant supérieur a trouvé, dans des portefeuilles pris sur des prisonniers de guerre ou sur des cadavres ennemis abandonnés sur le champ de bataille, de nombreuses lettres de femmes, mères ou parents divers des victimes, dans lesquelles on leur exprimait l'espoir de les voir revenir pour participer aux fêtes de Noël.

Nous savons tous que la République a offert à l'Allemagne une paix honorable et glorieuse pour elle, dans le courant de septembre, et que la guerre ne se continue que par des sentiments d'ambition coupable et de haine, dont sont animés contre la France le roi Guillaume et son odieux ministre, le comte de Bismark.

La résistance à outrance, ordonnée par le gouvernement de la défense nationale, empêchera les militaires prussiens de se trouver à Noël au milieu de leurs familles, et beaucoup de ces familles sont frappées de deuil. Un mauvais effet en résultera en Allemagne, et le roi Guillaume cherchera, sans doute, à réagir par des annonces de victoires.

Nous devons nous attendre à des attaques prochaines de

l'ennemi, et ces attaques doivent être repoussées avec énergie; ce qui sera d'autant plus facile, que, si l'ennemi doit se départir de ses habitudes de prudence et de combinaisons savantes, c'est surtout en un moment où la victoire leur est nécessaire aux yeux de la nation allemande.

Que tous, officiers, sous-officiers et soldats, se préparen donc à recevoir l'ennemi avec calme et à faire leur devoir, persuadés que nul succès ne paraîtra plus favorable à la délivrance de notre pays que ceux que nous remporterons en ce moment.

Le colonel commandant supérieur,

DENFERT.

N° 5.

CRÉATION DES BONS OBSIDIONAUX.

Nous, préfet du Haut-Rhin, agissant de concert avec le colonel gouverneur de la place de Belfort;

En vertu des pouvoirs exceptionnels qui nous ont été conférés par le gouvernement de la défense nationale et qui résultent de l'état de guerre;

Considérant que, depuis le 3 novembre 1870, époque à laquelle a commencé l'investissement de la place, les communications entre Belfort et l'extérieur ont été complétement interrompues, et, qu'en conséquence, l'encaisse métallique existant dans les caisses publiques s'est peu à peu épuisée, sans pouvoir être renouvelée;

Considérant qu'un appel a été fait pour demander aux particuliers de la monnaie d'or et d'argent, et qu'il n'y a pas lieu de recourir, pour la seconde fois, à ce moyen, qui ne produirait plus de résultats satisfaisants;

Considérant que les billets de mille francs de la Banque de France existant actuellement dans les caisses publiques représentent une somme importante, qu'il est difficile et parfois même impossible d'employer au payement de la solde des officiers, du prêt de la troupe et du traitement des fonctionnaires civils ;

Considérant que, dans l'intérêt des échanges, il est également nécessaire de remédier aux inconvénients qui résulteraient d'un manque presque complet de monnaie courante ; qu'il est, en conséquence, opportun d'émettre une quantité déterminée de bons tenant lieu de coupures des billets de la Banque de France, dont la nécessité a été reconnue par la loi du 12 août 1870 ;

Considérant que ces bons représenteront une valeur réelle ; qu'en effet, à la garantie de cette émission sera spécialement affectée une somme égale en billets de Banque de France, dont la description sera constatée par procès-verbal régulier, et qui seront immédiatement déposés en lieu sûr et anéantis au besoin :

Arrêtons :

Article 1er. — Il sera émis par nous, pendant la durée de l'investissement de Belfort, des bons de siége, dont la valeur d'ensemble sera ultérieurement déterminée.

Art. 2. — Lors de l'émission de ces bons, une valeur égale en billets de la Banque de France, spécialement et expressément affectée à la garantie de ces bons, sera prélevée par nous dans les caisses publiques, mise en lieu sûr et anéantie au besoin.

Art. 3. — Cette opération sera constatée par un procès-verbal régulier, contenant la description détaillée des billets affectés à la garantie des bons de siége.

Art. 4. — Le montant des bons émis ne pourra, dans aucun cas, dépasser la valeur des billets de la Banque de France restant disponibles dans la caisse du trésor public à Belfort, au moment de l'émission.

Art. 5. — Chaque bon sera détaché d'un registre à souche, portera un numéro d'ordre distinct, et sera revêtu de nos signatures, ainsi que de celle de M. le receveur particulier des finances.

Art. 6. — La circulation des bons de siége créés par nous et substitués aux billets de la Banque de France, qui leur serviront de garantie, sera soumise aux mêmes règles que celles de ces billets, et entrainera, en conséquence, le cours forcé.

Belfort, le 22 décembre 1870.

Le préfet du Haut-Rhin,
Signé : J. GROSJEAN.

Le colonel gouverneur de la Place,
Signé : DENFERT-ROCHEREAU.

N° 6.

NOUVELLES REÇUES PAR LE COMMANDANT SUPÉRIEUR

à la date du 13 janvier 1871.

Paris, admirable de patriotisme et de courage. Trochu à la tête d'une armée d'au moins 300,000 hommes, disciplinés et organisés, pouvant lutter avec les meilleures troupes allemandes. — Nord : Faidherbe vient de reprendre l'offensive et a remporté une victoire éclatante à Bapaume. — Loire : Chanzy conserve ses positions autour du Mans; arrivé à Vendôme. — Armée de secours pour Belfort et l'Alsace : le général Bressolles avec 40,000 hommes est arrivé à Besançon. Garibaldi, avec 12 ou 15,000 hommes, réoccupe Dijon, évacué sans combat par l'ennemi. Tout le corps d'armée de Bourbaki (140,000 hommes) s'avance par Châlons, Dijon, Auxonne, Vesoul, pour se jeter dans les Vosges et l'Alsace, sur les derrières de l'armée prussienne.

Armée allemande. — Grand découragement parmi tous les soldats envoyés sous Belfort; passage à Mulhouse d'artillerie saxonne; levée allemande faite, composée de jeunes gens non exercés et d'hommes de quarante-cinq à cinquante ans. —

Grande animosité entre Bavarois et Prussiens ; possibilité de
grandes défections. — Situation générale meilleure d'une
façon presque miraculeuse.

N° 7.

ORDRE RELATIF A DANJOUTIN.

Le commandant supérieur a été vivement affecté par la
perte de la plus grande partie du détachement de Danjoutin,
qui a été fait prisonnier de guerre sans qu'on pût lui porter
secours. La faute doit d'abord en être attribuée aux deux
compagnies de Saône-et-Loire placées près du passage à
niveau du chemin de fer. Les hommes et les officiers de ces
compagnies ont manqué à leur devoir en ne résistant pas à
outrance à la colonne ennemie qui les a assaillis; leur devoir
strict était de tenir jusqu'au dernier, pour assurer la retraite
de leurs camarades. Le conseil de guerre sera appelé à
apprécier la conduite des officiers en cette circonstance.

Le capitaine de la compagnie du Haut-Rhin [1], cantonnée
au moulin entre le Fourneau et Danjoutin, a également
manqué à tous ses devoirs en ne se portant pas avec la
partie de ses forces disponibles au secours du village de
Danjoutin, aussitôt qu'il entendait la fusillade. Servant de
renfort, d'après mes instructions formelles, il ne pouvait
hésiter à se porter en avant, au lieu de se replier honteuse-
ment sans combat sur le Fourneau, en laissant sans secours
les compagnies placées dans le village.

Enfin les commandants des Hautes et Basses-Perches ont
montré avec quelle négligence ils plaçaient leurs grand'-
gardes et leurs sentinelles, par l'impossibilité où ils sont
restés pendant plusieurs heures de savoir au juste ce qui se
passait et de pouvoir m'en rendre compte. Le commandant

1. Un ordre du 10 annule le blâme relatif au capitaine Mayer (8ᵉ compagnie, 5ᵉ bataillon du Haut-Rhin), et reconnaît qu'il a fait son devoir.

supérieur pense que cet exemple leur servira de leçon pour l'avenir, etc. •

Enfin les compagnies du 1er bataillon du 16e régiment, appelées à marcher pour la reprise du village, ont mis, à se réunir en armes sur la place, beaucoup trop de temps. Il est indispensable que les troupes déploient plus de diligence en cas d'alerte, si elles veulent être en mesure d'agir efficacement.

N° 8.

NÉGOCIATIONS DE M. KRAFFT

Pour l'extension de l'armistice à Belfort.

AVIS.

Le commandant supérieur porte à la connaissance de la population et de la garnison les faits suivants :

Ayant appris hier d'une manière positive, par des journaux qui lui avaient été communiqués, que Belfort restait seul en France à continuer les hostilités, alors que partout ailleurs la lutte avait cessé; et la situation militaire de la place se trouvant comporter également, par suite de la chute des forts des Perches, la conclusion d'un armistice facile à définir, le commandant supérieur a cru de son devoir, au nom de l'humanité, de demander à M. le général de Tresckow, commandant de l'armée assiégeante, la conclusion d'un armistice sur la base réciproque de la conservation de nos positions actuelles.

M. le capitaine Krafft, porteur de la lettre adressée à M. le général de Tresckow, avait ordre d'attendre la réponse, et de conclure immédiatement, si la réponse était favorable, l'armistice proposé.

Dans la nuit, un capitaine de l'état-major prussien est venu donner de vive voix à M. Krafft une réponse négative, basée sur ce que, Belfort ayant été excepté par la convention du

28 janvier, il n'était pas au pouvoir du général de Tresckow
d'altérer la situation militaire par un armistice; — cet officier prussien a encore ajouté que les hostilités continuaient
parce que, au moment de la conclusion de la paix, le sort
d'une place dépendait de son occupation. M. Krafft a réclamé
alors une réponse écrite à ma lettre; elle lui a été remise,
mais j'ignore si je la recevrai.

Quoi qu'il en soit, la population et la garnison sont prévenues que nulle force militaire, quelque considérable qu'elle
soit, n'est en mesure de briser avant un certain temps la
résistance de la place. Elles sont prévenues également que
leur sort dépend de la continuation de notre résistance
jusqu'à la conclusion de la paix. Cette conclusion ne peut tar-
der, notre pays n'étant malheureusement pas en mesure de
continuer la lutte, et l'Assemblée nationale se réunissant le
12 février à Bordeaux.

Armons-nous donc de courage et de résignation, et con-
tinuons, pendant les quelques jours de souffrance qu'il nous
reste à passer, à montrer l'attitude énergique et résolue qui
nous a valu l'honneur insigne de rester debout, alors que
tous les autres avaient été obligés de céder à la puissance de
l'ennemi.

Belfort, le 9 février 1871.

Le colonel commandant supérieur,

DENFERT.

Je reçois à l'instant la réponse de M. le général de Tresckow,
dont voici copie en traduction française :

En réponse à votre lettre d'hier, j'ai l'honneur de vous
informer, comme du reste mon capitaine d'état-major de
Schulzendorf l'a dit de vive voix au capitaine du génie Krafft,
qu'à mon grand regret, il m'est impossible de consentir à
l'armistice proposé, attendu que j'ai pour mission de m'emparer de la forteresse le plus tôt possible et qu'en conséquence il m'est interdit de perdre du temps.

Je tiens pour superflu de soumettre votre demande d'armistice à Sa Majesté l'Empereur, d'autant plus que l'armistice pour Belfort est formellement exclu de la convention.

Veuillez recevoir, etc.

N° 9.

NOMINATION DE M. STEHELIN, PRÉFET INTÉRIMAIRE.

Nous, préfet du Haut-Rhin,

Considérant le désir exprimé par M. le gouverneur militaire de la place de Belfort de voir le préfet du Haut-Rhin se rendre à Bordeaux, où paraît l'appeler un mandat électoral de ses concitoyens;

Considérant l'intérêt capital, pour le département et pour la ville de Belfort, que les événements donnent à la présence auprès du gouvernement de tous les délégués du Haut-Rhin;

Considérant l'impossibilité où se trouve M. le sous-préfet Poizat, actuellement malade, de s'occuper des affaires;

Considérant les services rendus et la position morale acquise à Belfort par M. Léon Stehelin, avocat;

En vertu des pleins pouvoirs qui nous ont été donnés par le gouvernement de la défense nationale,

Arrêtons :

Article 1er. — M. Léon Stehelin est chargé de nous suppléer pendant notre absence dans la gestion de toutes les affaires qui nous ont été attribuées.

Art. 2. — A cet effet M. Léon Stehelin est investi de nos pleins pouvoirs pour l'accomplissement de la mission temporaire qui lui est confiée.

Art. 3. — M. Léon Stehelin devra spécialement user de ses pouvoirs pour la défense des intérêts de l'État, des fonctionnaires civils et de la vaillante population de Belfort.

Art. 4. — Une copie du présent arrêté sera adressée à M. le gouverneur militaire de la place et à M. le maire de Belfort.

Belfort, le 9 février 1871.

Signé : GROSJEAN.

N° 10.

DÉPÊCHE DE LA DÉLÉGATION DE BORDEAUX.

Bordeaux, le 16 février 1871.

Le ministre de la guerre au capitaine d'état-major Châtel et au capitaine du génie Krafft, envoyés de Belfort par le colonel Denfert.

En même temps que votre dépêche du 14, de Bâle, reçue seulement aujourd'hui, je reçois une lettre datée du 13, de Paris, par laquelle le général Trochu, au nom du gouvernement de la défense nationale, encore en fonctions, à Paris comme à Bordeaux, m'informe que la fraction du gouvernement demeurée à Paris (général Trochu, président, Ernest Picard, chargé du ministère des affaires étrangères) vous a autorisé à rendre à l'armée prussienne la place que vous avez si glorieusement défendue, aidé en cela par la vaillante et patriotique population de Belfort.

En présence de cette autorisation du gouvernement de Paris et de la considération que vous faites vous-même valoir, double fait mettant votre honneur complétement à l'abri, les membres du gouvernement de Bordeaux, dont je suis l'organe, ne peuvent que confirmer l'autorisation de leurs collègues de Paris ; et je couvre de ma responsabilité le parti suprême que vous prendrez, en vous inspirant de votre propre honneur, comme de l'intérêt des soldats et de l'héroïque population qui vous ont si bien secondé.

Le gouvernement de Paris ne nous a rien fait connaître, en dehors des termes mêmes du télégramme que vous avez reçu de M. Picard. C'est à vous qu'il appartient par conséquent de traiter avec l'état-major allemand les conditions les plus favorables relativement au matériel de la place, canons et munitions, et, ce qui importe beaucoup plus, aux intérêts de la brave population de Belfort.

Recevez, colonel, pour vous et vos braves soldats, l'expression de ma douloureuse et bien ardente sympathie ; et soyez, auprès de la patriotique population de Belfort, l'interprète des sentiments de reconnaissance et d'admiration des membres du gouvernement et de la France entière.

Signé : Général LE FLO,

'CHAUDORDY.

Pour copie conforme :

Le vice-consul de France à Bâle,

Signé : JULES KŒCHLIN.

Pour copie conforme :

Signé : DENFERT.

N° 11.

CONVENTION

Relative à la reddition de la place de Belfort, conclue à Pérouse le 16 février 1871, à 4 heures après midi.

Entre MM. Denfert-Rochereau, colonel du génie, commandant supérieur de Belfort, et de Tresckow, lieutenant général de S. M. le roi de Prusse, commandant en chef de l'armée assiégeante de Belfort,

Il a été convenu ce qui suit :

1° Le colonel Denfert, sur l'autorisation spéciale qui lui a été donnée, vu les circonstances, par le gouvernement français, remet au lieutenant général de Tresckow la place avec ses forts.

2° La garnison, en raison de sa valeureuse défense, sortira librement, avec les honneurs de la guerre, et elle emmènera les aigles, drapeaux, armes, chevaux, équipages et appareils de télégraphie militaire qui lui appartiennent spécialement, ainsi que les bagages des officiers et ceux des soldats, et enfin les archives de la place.

La garnison comprend les troupes de ligne, la garde nationale mobile et la garde nationale mobilisée, les douaniers et la gendarmerie. La garde nationale sédentaire restera à Belfort et remettra ses armes à la mairie avant la remise de la place.

3° Tout le matériel de guerre, les vivres et les munitions, en tant qu'ils ne sont pas sans conteste nécessaires à la garnison, et de plus les approvisionnements de toute nature de la place et les propriétés de l'État en entier, seront remis dans l'état où ils se trouveront au moment de la signature de la présente convention. Cette remise sera effectuée par une commission à nommer par le commandant de la place. Elle aura lieu le 18 février, à 10 heures du matin.

4° Le 18 février, à 10 heures du matin, des officiers allemands d'artillerie et du génie seront introduits dans les forts et le Château, pour prendre possession des magasins à poudre et des vivres, en présence d'officiers français des mêmes armes.

5° La garnison française devra avoir terminé l'évacuation de la place le 18 à midi, heure à laquelle les troupes allemandes en prendront possession. L'ordre de marche sera réglé dans une pièce annexe.

6° Les blessés et les malades restant dans la place seront, dès leur rétablissement, menés par convois jusqu'à la ligne de démarcation la plus voisine; ils emporteront leurs armes. Ceux qui seront impropres au service militaire seront renvoyés dans leurs foyers.

7° La garnison laissera dans la place les médecins et les infirmiers nécessaires pour le service des hôpitaux. Ce personnel sera traité suivant les conditions de la convention de Genève.

8° Les prisonniers allemands, soit blessés ou non, qui sont internés à Belfort, au nombre de 7 officiers et 243 hommes, seront remis aux troupes allemandes le 18 février, à 10 heures du matin, dans leurs casernements actuels.

9° La propriété privée des officiers qui quittent la forteresse sera respectée au même titre que le reste des propriétés particulières.

10° Le colonel Denfert fera remettre au lieutenant général de Tresckow, aussitôt que possible, une situation d'effectif des troupes qui quittent la place, pour permettre le règlement de l'ordre de marche; et les commissions chargées de la remise des malades des deux nations et des prisonniers devront être munies de situations semblables.

11° L'administration allemande favorisera de tout son pouvoir l'apport de vivres et de secours pour les habitants de la ville, ainsi que la venue de médecins du dehors.

La présente convention a été rédigée et signée par les officiers dont les noms suivent :

Du côté français, MM. Chapelot, chef de bataillon au 84ᵉ régiment d'infanterie de ligne, et Krafft, capitaine du génie auxiliaire; — du côté allemand, MM. de Laue, major et commandant de bataillon au 4ᵉ régiment d'infanterie de Magdebourg, n° 67, et de Schultzendorf, capitaine d'état-major;

Tous munis de pouvoirs réguliers de leurs chefs respectifs.

Fait en double original en chacune des deux langues.

Signé : CHAPELOT,
Chef de bataillon au 84ᵉ de ligne.

Signé : DE LAUE,
Chef de bataillon au 67ᵉ de ligne.

V. KRAFFT,
Capitaine du génie auxiliaire.

DE SCHULTZENDORF,
Capitaine d'état-major.

Sermamagny
Eloie
s Evette
Evette
Eguenigue
par Cernay
Valdoie
Vétrigne
Roppe
Offemont
Phaffans
Ham. des Forges
E. de la Forge
Route Nat.le de Colmar
Bessoncourt
La Salbert
Cravanche
Route Nat.le de Paris à Bâle
Perines
Cimet. de Brasse
Le Mont
La Justice
Route Nat.le de Paris
BELFORT
Pérouse
Essert
Chevremont
Scierie Tuilerie
La Côte
Mulhouse
Bavilliers
Danjoutin
Bois de la Brosse
Le Gd Bois
Le Bosmont
F. de Bellevue
Buc
Argiésans
Andelnans
Vezelois
Botans
Méroux
Loupe hameau
Banvillard
Ch. Saglio
Moval
Dorans
Sevenans
Route Dép.le de Porrentruy

1 Tour des Bourgeois
2 Ouvrage avancé de l'Espérance
3 Camp retranché

TABLE DES MATIÈRES.

PARIS. — J. CLAYE, IMPRIMEUR, 7, RUE SAINT-BENOIT. — [503]

www.ingramcontent.com/pod-product-compliance
Lightning Source LLC
Chambersburg PA
CBHW070415090426
42733CB00009B/1680